# 진화인가, 창조인가?
## 최근의 과학적 발견과 신학이 내린
# 새로운 결론

온신학출판사

**진화**인가, **창조**인가?
최근의 과학적 발견과 신학이 내린
**새로운 결론**

초판1쇄 | 2022년 10월 09일

저　　자 | 김 명 용
발 행 인 | 김 명 용
발 행 처 | 온신학출판사
신고번호 | 제 2022-000050호
주　　소 | 05336 서울특별시 강동구 천호대로1057 트레벨 1210호
전　　화 | 010-8731-3911
팩　　스 | 02-579-0826
이 메 일 | brightface52@gmail.com
디 자 인 | 굿모닝 디자인

값 18,000원

ISBN 979-11-980422-0-0
ⓒ 온신학출판사 2022

# 진화인가, 창조인가?
## 최근의 과학적 발견과 신학이 내린
# 새로운 결론

김 명 용

온신학출판사

# 목 차

# 머리말

　많은 사람들은 진화론이 과학적 진실이라고 믿고 있다. 진화론이 과학적 진실인 까닭에 진화론적 세계관은 오늘의 시대를 지배하는 세계관이 되었다. 그런데 정확하게 언급하면 진화론은 우주와 모든 생명체에 대한 과학적 발견들을 물질주의적으로, 유물론적으로 해석한 이론이다. 우리가 유념해야 하는 것은 우주와 모든 생명체에 대한 과학적 발견들을 다른 관점으로 해석할 가능성이 존재한다는 점이다.

　오늘의 우주와 모든 생명체에 대한 과학의 새로운 발견들은 물질주의적으로, 유물론적으로 해석하는 것에 심각한 문제점이 있다는 것을 밝혀주고 있다. 우주가 정교하게 조율되어 있다(A Fine-Tuned Universe)는 천체물리학의 발견, 생명체 안에는 상상할 수도 없는 천문학적 정보가 있다는 오늘의 분자 생물학의 발견 및 다윈(C. Darwin)이 자신의 진화론을 허물 수 있다고 염려했던 캄브리아기(Cambrian Period)의 화석의 대량 발굴은 우주와 모든 생명체를 물질주의적으로, 유물론적으로 해석하는 것이 진실이 아닐 수 있다는 것을 나타내는 대표적인 과학적 발견들이다. 화석이 많이 발굴될수록 창조론은 추방되고 진화론이 입증될 것이라는 진화론자들의 주장은 더 이상 성립하지 않는다. 다윈은 후일 캄브리아기와 선캄브리아기의 화석들이 많이 발굴되면 자신의 이론이 입증될 것이라고 강한 확신을 가졌지만, 캐나다 록키 산맥과 중국 서남부 윈난성에서 어마어마하게 발굴된 캄브리아기의 화석은 다윈의 이론을 근원에서 허물고 있다. 왜냐하면 캄브리아기의 아래 지층인 선캄브리아기의 지층에는 캄브리아기의 엄청난 생명체 대폭발로 가는 연결 고리가 전혀 없기 때문이다.

진화론에 대한 학문적 도전과 문제 제기는 오늘날 종교를 가진 창조론자들에 의해서만 일어나는 것이 아니다. 오늘의 과학의 새로운 발견들은 진화론과 깊은 충돌을 일으키고, 첨단 과학자들은 진화론으로 우주와 모든 생명체의 발생과 역사를 설명하는 것이 어쩌면 불가능하다는 것을 깨닫기 시작했다. 이 깨달음은 2016년 세계의 첨단의 생물학자 및 고생물학자들이 모인 영국의 왕립학회(Royal Society)에서 개회강연을 한 밀러(Gerd Müller) 교수의 강연에 자세히 나타나고 있다. 밀러 교수는 생명체의 복잡한 기관들은 다윈주의의 돌연변이와 자연선택의 방식으로는 전혀 설명할 수 없다고 밝혔다.

돌연변이와 자연선택은 생명체의 역사 속에 많이 존재한다. 그러나 돌연변이와 자연선택과 진화는 구별되어야 한다. 돌연변이와 자연선택으로 연체동물이나 척삭동물에 있는 카메라 눈은 만들어지지 않는다. 카메라 눈이 생겨나는 데는 오랜 시간이 걸리지 않았다. 오늘의 과학의 발견은 불과 600만년에서 1000만년 사이에 발생했다는 것을 밝혔다. 50만년 보다 짧은 기간에 생겼을 수도 있을 것이다. 밀러 교수는 이렇게 짧은 기간에 돌연변이와 자연선택이라는 방식으로 카메라 눈이나 신체의 복잡한 것들이 생겨나는 것은 완전히 불가능함을 언급한 것이다.

이 책은 진화인가, 창조인가? 라는 오래된 주제를 오늘의 과학적 발견들과 오늘의 발전된 학문적 신학을 기초로 깊이 토론하면서 답을 찾아가는 책이다. 오래된 주제이지만 답은 지금까지 없었던 새로운 답이다. 지금까지 이 주제에 대한 답은 무신론적 진화론이나 창조과학이 언급하는 6일 창조론이나, 창조론과 진화론을 타협시키고 조화시킨 유신신화론 등이 결론이었다. 그런데 이 책은 이 3가지 결론이 모두 오류라는 것을 밝힌 책이다. 왜 오류인지는 이 책에 자세히 설명되어 있다. 진화론과 창조론 사이의 논쟁은 오래 되었음에도 불구하고, 지금까지 바른 답을 찾지 못한 것이다.

진화인가, 창조인가? 라는 이 주제에 대한 바른 답은, 진화의 역사로 그동안 언급되었던 것은 진화의 역사가 아니고, 하나님의 계속적 창조(creatio continua)의 역사라는 것이다. 창조에는 태초의 창조가 있고, 계속적 창조가 있고, 종말론적 창조가 있다. 진화는 하나님의 계속적 창조 활동을 바르게 인식하지 못해서 생긴 이론이다. 하나님의 초월적 개입이 있을 수 없다는 대전제를 갖고, 모든 것은 물질만으로 구성되어야 한다는 또 하나의 전제를 갖고 있는 까닭으로, 하나님의 계속적 창조 사역이 진화로 오인된 것이다. 그런데 그 진화론이 갖고 있는 전제들이 오류라는 것을 이 책을 통하여 알 수 있을 것이다.

이 책은 3부로 구성되어 있다. 제1부는 진화와 창조와 관련된 신학적 질문들에 대해 답하는 신학대담이다. 진화론과 창조론 사이의 논쟁에서 제기되는 중요한 문제들이 있다. 빅뱅의 문제에서부터 창조과학이나 유신진화론의 문제까지 지성인들과 젊은이들이 많이 제기하는 질문들이 있다. 제1부는 이 문제들에 대한 답이다. 제2부는 온신학tv를 통해 진화와 창조에 대해 약 1년간 강의한 강의 내용들이다. 제2부에서는 오늘의 새로운 과학적 발견들이 많이 소개될 것이다. 그리고 이 발견들은 진화론의 뼈대를 흔들만큼 위력적이라는 것을 알게 될 것이다. 그리고 성경에 대한 올바른 해석도 소개될 것이다. 그런데 제2부의 내용은 지난 1년 동안 온신학tv를 통해 강의한 것과는 약간의 차이가 있다. 그 차이는 이 책을 출간하면서 일부 수정하고, 또 상당부분을 보충했기 때문이다. 그러나 이 책을 읽는 것 보다, 온신학tv의 강의를 직접 듣는 것은, 더 생동감 있게 독자들에게 잘 전달될 것이다.

제3부는 '온신학의 우주관과 하나님의 계속적 창조' 라는 제목의 학술 논문이다. 이 논문은 2021년 온신학회 여름 집중 세미나에서 강연한 강연이다. 제1부와 제2부에서 언급된 것들에 대한 더 자세하고 깊은 학문적 답을 얻고 싶은 사람들은 이 논문이 큰 도움이 될 것이다. 지금까지의 진화론의 도구들이 모두 무용지물이라는 것도 이 논문을 통해 알 수 있을 것이다. 힘들의 장(Field)이 우주를 만들었을 것이라는 진화론의 가정은 오류이다. 왜냐하면 힘들은 정보를 탄생시킬 수 없기 때문이다. 정보는 지적인 존재로부터 오는데, 물론 하나님으로부터 온 것이다. 창발(emergence)이나 자기 조직화(Self-Organizing)와 같은 진화론의 핵심 도구들도 오류 속에 있다는 것을 알게 될 것이다. 맥그래스(A. McGrath)와 모리스(S. C, Morris) 같은 유신진화론자들의 오류도 각주에서 자세히 언급했다. 논문의 각주도 창조와 진화의 문제에 대한 바른 관점을 얻는데 도움을 줄 것이다. '새로운 우주관: 그리스도 중심의 우주원리' 는 과학자들이 발견한 '인간 중심의 우주원리' 를 그리스도 계시와 성경의 빛에 비추어 신학적으로 발전시킨 것으로, 세계 최초로 언급하는 새로운 우주관이다.

이 책은 제1부와 제2부 및 제3부가 모두 같은 문제들을 다양한 방식으로 설명하는 까닭으로 중요한 내용이 반복되는 경우가 있다. 반복되는 것을 제거하려고 하다가 그냥 둔 것은 반복은 되지만 표현 방식이 다르기 때문에, 독자들이 더 풍성하게 다면적으로 이해할 수 있을 것으로 판단되었기 때문이다. 이 책이 한국교회 안에서 널리 읽혀져서, 진화론의 공격으로 위기에 빠진 창조론을 다시 회복하고, 우주와 모든 생명체에 대한 바른 세계관을 모든 사람들이 갖게 되기를 기원한다.


2022. 10월

서울 강동구 온신학아카데미 사무실에서

김 명 용

제 1 부

# 신 학 대 담

# 제 1 부

# 신학대담

## I. 창조와 진화

**질문 1.** 공교육에서는 이 세상이 창조된 것이 아니고 진화되었다고 가르칩니다. 오늘과 같은 과학 시대에 창조론을 언급할 수 있을까요? 창조론은 잘못된 것이 아닐까요?

**답.** 과학이 언급하는 것과 신학이 언급하는 것은 관점이 많이 다릅니다. 기다리고 기다리던 아이가 탄생했을 때, 과학은 산

부인과 의학적으로 아이의 탄생에 대해 언급합니다. 그러나 신학은 부모님들이 기도한 것과 하나님의 은혜와 도우심을 언급합니다. 이 세상의 탄생에 대해서도 유사한 점이 있습니다. 과학은 '어떻게'(how) 이 세상이 만들어졌는가에 집중합니다. 그러나 신학은 '누가'(who), '어떤 목적으로'(why) 그렇게 했느냐에 집중합니다. 두 개의 학문이 다루고 있는 영역이 많이 다르기 때문에 서로 갈등을 일으키거나 침범하지 않는 것이 옳습니다. 신학의 언어와 과학의 언어는 서로 다릅니다.

질문 2. 그러나 오늘의 무신론적 과학자들은 신이 없다고 단언합니다. 우주는 빅뱅에서 시작되었고, 그 이후 물질이 진화해서 오늘의 우주가 존재하게 되었다고 주장합니다. 조금 전에 언급한 '누가'(who)의 문제도 신이 아닌 물질이 스스로 만들었다고 언급합니다. '어떻게'의 문제뿐만 아니라 '누가'의 문제까지 과학자들은 물질이라고 단언하고, 물질의 진화라고 단언합니다. 그리고 우주 안에 목적성은 없고, 우연히 존재하고 있는 것뿐이고, 우주는 창조된 것이 아니고 신도 존재하지 않는다고 주장합니다. 어떻게 생각하십니까?

답. 신학의 영역과 과학의 영역은 서로 다름에도 불구하고 오늘날 서로 겹치는 부분과 해석이 다른 점이 굉장히 많아졌습니다. 이 겹치는 부분과 해석이 다른 점은 매우 심각한 전쟁터입니다. 우주의 시작을 얘기하는 빅뱅의 문제도 심각한 전쟁터입니다.

오늘의 표준 우주론에 의하면 우주는 138억년 전에 빅뱅으로 시작되었습니다. 빅뱅에 대해 반대하는 분들도 상당수 있지만 빅뱅

우주론은 많은 과학적 증거를 갖고 있기 때문에 물리학계의 표준 이론입니다.

그런데 우주가 138억년 전에 빅뱅으로 시작되었다면 창조론이 붕괴될까요? 가톨릭의 교황 비오 12세(Pius XII)는 빅뱅 이론을 깊이 연구한 후에 빅뱅 이론을 환영했습니다. 이유는 빅뱅 이론이 창조주 하나님을 요청하는 이론이기 때문이었습니다. 기독교의 많은 신학자들 역시 우주가 빅뱅으로 시작되었다면 신이 존재한다는 것은 논리적으로 더욱 확실해진다고 평가하고 있습니다. 빅뱅은 무신론을 입증하는 이론이 아닙니다. 이 엄청난 우주를 만든 최초 폭발의 원인은 신이 아닌 다른 어떤 것으로 설명하기 매우 어렵습니다. 하나님의 이름인 야훼의 의미를 기억할 필요가 있습니다. 야훼는 '모든 존재하는 것들의 존재론적 원인'이라는 의미를 갖고 있습니다. 빅뱅이 일어났다면 그것이 일어나도록 하신 분은 야훼 하나님이십니다. 유명한 물리학자 호킹(S. Hawking)까지도 빅뱅 이론이 맞다면, 빅뱅 이론은 빅뱅을 일으킨 존재, 곧 신을 끌어들이는 이론이라는 데 동의했습니다.

최근에는 다중우주론이 등장해서 많은 사람들을 무신론으로 이끌고 있습니다. 다중우주론은 우리가 사는 우주 외에 또 다른 우주가 여럿 혹은 무한히 많이 존재한다는 이론입니다. 물론 이 다중우주론은 아직 가설의 차원에서 벗어나지 못한 이론입니다. 그런데 다중우주론을 주장하는 분 가운데 많은 분들이 다중우주론을 무신론을 입증하는 데 사용합니다. 빅뱅 이론이 신의 존재를 요청하는 측면이 있기 때문에, 다중우주론으로 무신론을 입증하려고 하는 것으로 보입니다. 유명한 무신론자인 리처드 도킨스(R. Dawkins)도 다중우주론을 무신론을 입증하는 이론으로 사용했습니다. 그런데 우주가 여러 개 있으면, 혹은 수없이 많이 있으면 신이 필요 없고, 무신론이 입증됩니까?

다중우주가 존재한다면 그것 역시 하나님께서 창조하신 우주입니다. 빅뱅 이론이 신을 요청하는 이론인 것과 마찬가지로, 다중우주론 역시 신을 요청하는 이론입니다. 우리가 사는 우주만으로도 너무나 놀라운데, 또 다른 우주가 있고 무한한 우주가 있다면 놀라움과 신비는 극에 달합니다. 이 놀라운 세계의 존재론적 근원은 무엇일까요? 다중우주를 존재하게 하신 분은 야훼 하나님이십니다. 오늘날 물리학계에서 상상하는 다중우주는 죽음 이후에 경험하는 하나님 나라의 세계일지 모릅니다. 물리학자들은 우리가 사는 세계의 경계에서, 수학적으로 계산해서 10차원의 세계, 11차원의 세계를 가정했습니다. 시공을 초월하는 이 10차원의 세계 및 11차원의 세계는 부활하신 그리스도께서 계시는 하나님 나라일 수 있습니다. 부활하신 그리스도께서는 시공을 초월하고 계셨다는 것이 성경 속에 잘 나타나 있습니다.

물리학계의 표준 이론인 빅뱅 이론은 신을 요청하는 이론입니다. 그리스도인들이 이 이론에 대해 부정적으로 접근할 이유가 없습니다. 다중우주론 역시 창조주 하나님을 추방시킬 수 있는 이론이 아닙니다. 상당수의 신학자들은 다중우주론이 하나님의 창조 사역의 장엄함을 더 하는 이론이라고 평가했습니다.

**질문 3.** 진화론자들은 빅뱅부터 오늘의 인간이 탄생할 때까지 그 모든 과정에 신은 필요도 없고, 요청되지도 않는다고 말합니다. 물질이 스스로의 힘으로 우주를 만들고 별들을 만들고 지구를 만들고, 생명체를 만들고 인간을 만들었다고 합니다. 진화의 전 과정에 신이 필요없다고 하는데 어떻게 하나님의 창조를 언급할 수 있을까요?

**답.** 태양만 봐도 하나님께서 창조하셨다는 것을 즉시 알 수 있습니다. 태양이 엄청난 빛과 에너지를 지구로 보내는데 어떻게 그 엄청난 빛과 에너지를 보내는지 생각해보신 적이 있습니까?

꿈의 에너지라고 불리우는 수소 핵 융합 발전소는 아직도 세계가 만들지 못하고 있습니다. 수소 핵 융합 발전소만 만들 수 있으면 세계의 에너지 문제는 그날로 완전히 해결됩니다. 세계가 몸살을 앓고 있는 환경 오염의 문제도 해결할 수 있습니다. 그런데 태양이 수소 핵 융합 발전소입니다. 물질이 제멋대로 돌아다니다가 어마어마한 수소 핵 융합 발전소가 만들어졌다고 하면 아무도 믿을 수 없는 말일 것입니다. 어떻게 그 엄청난 발전소가 우연히 만들어질 수 있겠습니까? 우주의 티끌들이 모여있으면 수소 핵 융합 발전소가 만들어집니까? 어마어마하게 세밀한 설계도가 있어야 하고, 그 설계도에 따라 수많은 물질들이 정확하게 그 자리에 있어야 하고, 수소 핵융합 발전을 위한 엄청난 뜨거운 온도의 플라즈마가 있어야 하고, 핵융합으로 일어난 에너지를 잘 통제해서 폭발하지 않도록 세밀하게 제어해야 하고, 뜨거운 온도가 일정하게 유지되어야 합니다. 이 엄청난 일은 우연에 의해 일어날 수 없습니다.

지구가 태양의 주위를 도는 것도 놀라운 신비입니다. 매우 미세한 편차만 일어나도 지구는 우주의 미아가 될 것입니다. 지구의 자전 속도는 시간 당 1,670km의 속도로 자전하고 있습니다. 비행기보다 빠르게 돌고 있습니다. 지구의 공전 속도는 시속 107,226km입니다. 초음속 제트기의 44배입니다. 이 엄청나게 무거운 지구가 초음속 제트기의 44배 속도로 달리는데, 어떻게 조금의 편차도 없이 100년도 아니고, 1000년도 아니고, 그 긴 세월을 돌 수 있을까요? 그렇게 빨리 도는데도 우리는 도는 소리도 느끼지 못합니다. 오늘의 과학자들은 우주가 정교하게 조율되어 있다는 놀라운 사실을 발견했습니다. 그래서 '정교하게 조율된 우주(A Fine-Tuned Universe)'라는 매우 중요한 과학 개념이 등장했습니다. 오늘날 과학자들 중에 매우 많은 분들은 '정밀하게 조율된 우주는 신의 창조를 지시하고 있다고 생각하고 있습니다. 영국 옥스퍼드(Oxford)의 신학자 맥그래스(A. E. McGrath)는 '정밀하게 조율된 우주'(A Fine-Tuned Universe, 2009)라는 책을 저술하면서 '정밀하게 조율된 우주'는 하나님의 존재와 창조를 입증한다고 힘있게 논증했습니다.

"하늘이 하나님의 영광을 선포하고 궁창이 그 손으로 하신 일을 나타내는도다"(시19:1). 우주는 하나님의 영광과 그의 창조의 신비를 나타내고 있습니다. 우주가 물질에 의해 우연히 진화되어 만들어졌다는 주장은 엄청난 오류입니다. '정교하게 조율된 우주'는 하나님의 영광을 드러내고 있습니다.

우주는 진화된 것이 아니고 창조된 것입니다. 빅뱅부터 시작된 자연의 역사, 우주의 역사는 모두 하나님의 창조의 역사입니다. 진화는 하나님의 계속적 창조를 오해해서 생겨난 이론일 뿐입니다.

# Ⅱ. 진화가 하나님의 창조의 방법이 될 수 있나?

**질문 1.** 진화론과 창조론의 갈등이 심합니다. 많은 그리스도인들이 교회에서는 창조론을 얘기하지만, 세상에 나가면 진화론을 얘기합니다. 진화를 하나님의 창조의 방법으로 보면 두 이론 사이의 갈등이 해결된다는 주장도 있습니다. 이 이론인 유신진화론에 대해서는 어떻게 생각하십니까?

**답.** 유신진화론은 프랑스의 가톨릭 신부이자 고생물학자였던 떼이야르 드 샤르뎅(Teilhard de Chardin)에 의해 체계화되어 세계에 알려진 이론입니다. 최근에는 인간게놈 연구의 책임자였던 프랜시스 콜린스(F. S. Collins)가 주장한 이론입니다. 이분들 외에 많은 분들이 주장하고 있습니다. 한국에서도 신앙을 가진 학문적 과학자들이 많이 선호하는 이론이기도 합니다.

이 이론의 핵심은 세상은 물질의 진화에 의해 만들어졌지만, 그 속에 보이지 않는 신의 손길이 있다는 주장입니다. 창조와 진화를 조화시키기 위한 이론입니다. 그러나 이 이론은 잘못된 이론입니다. 바른 이론은 유신진화론이 아니고, 하나님의 계속적 창조론입니다.

**질문 2.** 왜 유신진화론이 잘못되었습니까? 그 근거들은 무엇입니까?

**답.** 유신진화론의 오류는 진화론은 옳고, 창조론은 크게 수정해야 한다는데 있습니다. 유신진화론은 오늘의 진화론자들이 주장하는 모든 것을 받아들여야 한다는 전제가 있습니다. 진화는 과학적 진실이기 때문에 진화를 부정해서는 안 된다고 생각합니다.

그런데 오늘의 과학은 진화론의 오류를 많이 발견했습니다. 2016년 영국 런던의 왕립학회(Royal Society)에서 모인 세계 최고의 고생물학자 및 생물학자들은 진화론의 곤경이 심각하다는 것을 스스로 실토했습니다. 오늘의 첨단의 과학자들은 돌연변이와 자연선택이라는 방식으로 세계를 설명하는 것이 거의 불가능하다는 것을 아는 단계에 도달했습니다.

2016년 영국 런던의 왕립학회에서 개회강연을 한 오스트리아 빈 대학의 세계적 학자 게르트 뮐러(Gerd Müller) 교수는 생명체의 복잡성이 진화론이 언급하는 돌연변이와 자연선택이라는 방식으로는 이 복잡성의 근원을 결코 설명할 수 없다고 자세히 설명했습니다. 돌연변이와 자연선택의 방식으로는 복잡하고 복잡한 기관인 눈과 같은 것은 결코 만들어지지 않는다는 것입니다.

과거에는 눈과 같은 기관은 수십억 년의 세월 동안 조금씩 진화해서 만들어졌다고 주장했습니다. 그러나 수많은 화석의 새로운 발견은 너무나도 놀라운 결론에 도달했습니다. 눈의 출현은 캄브리아기에 갑자기 출현했는데 그 기간은 600만년에서 1000만년 정도라는 것입니다. 이 기간 동안 눈이 돌연변이와 자연선택으로 진화하는 것은 불가능합니다. 지금부터 약 5억 년 전의 시기인 캄브리아기에는 삼엽충을 비롯한 수많은 생명체가 갑자기 출현합니다. 진화론자들이 주장했던 점진적인 진화가 전혀 아닌, 갑작스런 수많은 생명체의 출현입니다.

『존재하는 신』(There is a God)라는 책은 앤토니 플루(Antony Flew)라는 분이 쓴 책인데 엄청난 충격을 준 책입니다. 플루는 『만들어진 신』(God Delusion)으로 한국에 많이 알려져 있는 리처드 도킨스(R. Dawkins)의 스승의 그룹에 있던 분입니다. 이 분은 신은 없다라는 글을 써서 세계에 널리 알려진 분입니다. 그런데 이분이 세상을 떠나기 전 마지막 남긴 책이 신은 있다는 책인 것입니다. 도킨스를 비롯한 무신론자들에게 충격을 준 책입니다. 이 책에서 플루는 옛날에는, 그 당시까지 발견된 과학적 발견을 기초로 이성적으로 판단했을 때 신은 없다가 옳았는데, 최근의 첨단의 물리학, 양자역학 및 생물학과 화석의 증거들은 명백히 신은 있다고 증거하고 있다는 것입니다.

신이 있다고 확신할 수 있는 플루가 언급한 근거들은 다음과 같습니다.

1) 정교하게 조율된 우주(A Fine-Tuned Universe)
2) 세포 속에 존재하는 천문학적인 복잡성, 천문학적인 암호와 암호 해독의 신비
3) 캄브리아기의 생명체 대폭발

2020년에 출간된 『생명의 기원에 관한 신비』(The Mystery of Life's Origin)라는 책에서 미국이 자랑하는 세계적 나노 과학자인 제임스 투어(James Tour)는 가장 간단한 단순한 세포가 만들어지기 위해서는 10의 790억승의 정보가 필요하다고 주장

했습니다. 이 말의 뜻은 우연에 의해 가장 간단한 단순한 세포가 생길 수 있는 확률은 10의 790억승 분의 일이란 뜻입니다.

플루가 언급한 것이나 투어가 언급한 것은 모두 하나님의 창조를 지시하고 있습니다. 우주와 생명체는 진화된 것이 아니고 창조된 것이고, 신은 존재한다는 것입니다. "창세로부터 그의 보이지 않은 것들, 곧 그의 영원하신 능력과 신성이 그 만드신 만물에 분명히 보여 알게 되나니 그러므로 저희가 핑계치 못할지니라"(롬1:20)

유신진화론은 허점이 많고 오류가 많은 진화론을 모두 과학적 진실로 믿고, 이것과 타협하려고 한 데에 근본적인 문제가 있습니다. 그리고 성경의 가르침을 진화론에 맞추어 수정하려고 한 데에 문제가 있습니다.

**질문 3.** 진화론이 틀렸다면 진화를 언급하는 과학은 모두 틀린 것일까요? 지구의 역사가 6,000년이라는 창조과학이 옳은 것인가요?

**답.** 지구의 역사가 6,000년은 아닙니다. 이 계산은 잘못된 근본주의적 성경해석에서 나온 오류입니다. 소위 '젊은 지구론'은 잘못된 근본주의적 성경해석에서 나온, 잘못된 이론입니다. 지구의 역사는 과학자들이 주장하는 것처럼 46억 년일 가능성이 많습니다. 그리고 우주의 역사도 138억 년일 가능성이 많습니다. 과학과 과학자들의 발견은 존중되어야 합니다.

진화론에 오류가 깊다는 것의 핵심은 진화의 역사가 사실은 진화의 역사가 아니고 하나님의 계속적 창조의 역사라는 점입니다. 빅뱅부터 인류의 창조까지 이 모든 사역을 행하신 분은 하나님이십니다. 물질이 스스로 정교한 빅뱅을 할 수 없고, 태양과 같은 수소 핵 융합 발전소를 만들 수 없습니다. 10의 790억승의 정보를 갖고 있는 생명체도 물질이 스스로 만들지 못합니다. 진화론은 하나님의 계속적 창조 사역을 오해한 이론입니다. 빅뱅부터 시작된 자연의 역사의 주체는 하나님의 창조 사역이지, 물질이 스스로 진화한 것이 결코 아닙니다.

　기독교가 얘기하는 창조는 태초의 창조와 계속적 창조 및 종말론적 창조가 있습니다. 진화론이나 사이비 과학으로 평가받는 젊은 지구론은 이 하나님의 계속적 창조 사역을 모릅니다. 하나님의 계속적 창조 사역의 빛에서 진화를 살펴보면 모든 것이 쉽게, 바르게 이해됩니다. 태양은 성운이 모인 곳에서 하나님께서 수소 핵 융합 발전소를 만든 것입니다. 우주의 먼지들이 스스로 그 엄청난 발전소를 만들 수는 없습니다.

# Ⅲ. 창조론의 기둥인 창세기 1장에 대한 올바른 해석

**질문 1.** 성경의 과학과 오늘의 과학 사이에 갈등이 깊습니다. 성경의 과학을 믿고 세상 과학에 대해서는 조심해야 한다는 관점도 있고, 과학적으로 보면 성경이 틀렸기 때문에 성경을 더 이상 믿을 수 없다는 관점도 있습니다. 성경을 믿어야 합니까? 과학을 믿어야 합니까?

**답.** 성경도 존중해야 하고 과학도 존중해야 합니다. 성경은 계시의 말씀이기 때문에 존중해야 하고, 과학은 변화의 가능성이 많습니다만, 오늘의 찬란한 세상을 만든 것은 과학입니다. 과학이 갖고 있는 진실을 존중해야 합니다. 그런데 성경과 과학이 충돌할 때 어떻게 해야 하는가 하는 문제입니다. 물론 과학의 오류 때문에 일어나는 충돌도 있습니다. 그러나 성경을 잘못 해석해서 일어나는 충돌도 있습니다.

욥기38:6에 "그 주초는 무엇 위에 세워졌으며 그 모퉁이 돌은 누가 놓았느냐"라는 말씀이 있습니다. 고대인들은 지구가 평평하다고 생각했습니다. 그리고 이 평평한 지구를 기둥이 받들고 있고, 그 기둥 밑에는 모퉁이 돌이 있다고 믿었습니다. 이 고대인의 세계관이 욥기38:6에 그대로 나타나고 있습니다. 이 성경 말씀은 오늘의 과학과 충돌됩니다. 어떻게 해야 합니까? 성경이 틀렸으니까 이제는 더 이상 성경을 믿을 수 없다고 생각해야 합니까? 이렇게 생각하는 사람들은 성경의 진실을 모르는 어리석은 사람들입니다.

세계 장로교회의 신학의 스승인 칼뱅(J. Calvin)은 성경이 천문학을 계시한 책이 아니라고 이미 오래 전에 가르쳤습니다. 칼뱅은 16세기에 이미 토성이 달보다 크다른 것도 알고 있었습니다. 창세기1:16의 두 큰 발광체는 태양과 달입니다. 고대인들은 태양과 달을 가장 큰 별로 알고 있었습니다. 그런 까닭에 성경에는 그대로 두 큰 발광체로 나타나 있습니다. 많은 사람들이 오해하는 것은 성경이 천문학을 계시한 책으로 생각하는 것입니다. 하나님께서 고대인에게 21세기의 천문학을 계시하신 것이 아닙니다. 하나님께서 천문학을 계시하신 것이 아니고 당시 사람들의 눈높이에서 창조주는 하나님 밖에는 없고, 하나님께서 우주에 존재하는 모든 것을 친히 창조하셨다는 것을 계시하신 것입니다. 칼뱅은 하나님께서 계시의 말씀을 전하실 때 평범한 사람들의 지식을 통해 말씀하셨다고 언급했습니다.

그러면 욥38:6은 무엇을 계시할까요? 평평한 지구와 기둥과 모퉁이 돌은 그 당시 사람들의 세계관입니다. 그 당시 사람들의 세계관을 통해 하나님께서는 하나님께서 창조주이심을 계시하고 있는 것입니다. 우주의 기둥과 근거가 모두 하나님이라는 것을 강력하게 말씀하고 계신 것입니다. 이 세상에 존재하는 모든 것의 구조와 법칙, 운행의 모든 것을 하나님께서 창조하셨다는 것을 말씀하고 있는 것입니다. 그러므로 욥38:6은 고대인의 세계관이 있음에도 불구하고, 하나님의 말씀입니다.

한국 장로교회(장로교 통합)는 성경은 하나님의 말씀인데, 신적 차원과 인간적 차원이 있다고 신앙고백서에서 가르치고 있습니다. 욥38:6의 고대인의 우주관은 인간적 차원입니다. 반면 창조주 하나님을 계시하는 차원은 계시적 차원, 곧 신적 차원입니다. 이 둘은 뗄 수 없습니다. 이 둘이 함께 존재하는 욥38:6은 그 자체로 하나님의 말씀입니다. 성경이 갖고 있는 두 가지 차원을 이해하면 과학과 성경의 충돌을 방지할 수 있습니다.

**질문 2.** 창조론의 많은 혼란은 창세기 1장과 관련이 있는 것으로 보입니다. 창조론의 기둥이라고 할 수 있는 창세기 1장을 자세히 설명해주시기 바랍니다. 창세기 1장의 창조 순서가 오늘의 과학적 발견과 많이 충돌되는데 이것은 어떻게 보아야 할까요?

**답.** 창세기 1장의 놀라운 창조계시가 고대인의 우주관 속에서 계시되었다는 점을 기억해야 합니다. 이것을 기억해야 심각한 오류가 생기지 않습니다. 이것을 기억하지 않으면 고대인의 우주관을 영원한 하나님의 말씀으로 오해하고, 과학을 정죄하는 오류를 범합니다. 미국의 근본주의 계열의 교회에서 이런 일들이 흔히 일어나고, 이것 때문에 기독교가 과학에 역행하는 종교라는 비판을 받습니다.

창세기 1장을 자세히 읽어보면 지구가 중심인 우주관이 등장합니다. 고대인들에게는 언제나 지구가 중심이었습니다. 태양과 달과 별들이 창조되기 이전에 이미 땅이 있고 물이 있습니다. 고대인들은 지구가 먼저 있고 태양과 달과 별들이 나중에 창조되었을 것으로 생각했습니다. 이런 우주관은 오늘의 과학과는 전혀 맞지 않습니다. 심지어는 풀과 씨 맺는 채소 및 열매 맺는 나무가 태양과 달이 창조되기 전에 창조됩니다(창1:12). 태양은 이 모든 것이 창조된 후인 제4일 째 창조됩니다. 창세기 1장이 고대인의 우주관을 배

경으로 하고 있다는 것을 이해하면 비로소 창세기 1장이 계시하는
참된 계시가 우리 눈 앞에 펼쳐집니다. 창세기 1장에 나오는 창조
순서를 오늘의 과학과 맞추려는 시도는 하지 않는 것이 좋습니다.

**질문 3.** 창세기 1장에 고대인의 우주관이 있다면 창세기 1장이
하나님의 말씀일 수 있을까요? 창세기 1장은 무엇을 계시하고 있는
하나님의 말씀입니까? 고대인의 우주관에 불과한 것이 아닙니까?

**답.** 아닙니다. 창세기 1장은 어마어마한 계시의 말씀입니다.
창세기 1장은 세상의 모든 것을 하나님께서 창조하셨다는 계시를
선언하는 말씀입니다. 우리가 살고 있는, 우리의 삶의 터전이 되는
땅을 하나님께서 만드셨고, 세상을 밝히는 빛도 하나님께서 만드
셨고, 채소와 과일과 우리의 삶의 먹이가 되는 모든 것을 하나님께
서 만드셨다는 것을 말씀하고 있습니다. 더욱 중요한 것은 창세기 1
장이 당시 신적인 존재로 큰 영향을 발휘하던 태양도 하나님의 피
조물에 불과하고 빛을 반사하는 램프처럼 하나님께서 만드신 길을
따라 움직이는 존재에 불과하다고 선언하고 있는 것입니다. 애굽에
는 태양신이 있습니다. 태양은 신적인 존재입니다. 창세기 1장은 태
양신의 종교를 근원적으로 파괴하고 있습니다. 당시 중동 지방의
점성술은 엄청났고, 별을 보고 온갖 주술과 미신이 많았습니다. 창
세기 1장은 이 모든 우상숭배적 종교들을 박살내는 계시의 말씀을
전하고 있는 것입니다. 수많은 신들로 가득차 있었던 당시의 세계
에 신은 오직 하나님 한분 뿐이시고, 태양과 달과 별, 그리고 메소
포타미아 지역의 하늘신, 땅신, 물신들을 모두 파괴시키는 어마어
마한 계시의 서사시가 창세기 1장입니다.

창세기 1장을 깊이 연구하신 많은 학자들은 창세기 1장은 바벨론의 창세기인 마르둑(Marduk) 창조신화를 박살내는 책이라고 생각합니다. 마르둑은 바벨론의 신으로 천지를 마르둑이 창조했고, 마지막 날 인간을 창조하는데 창조하는 이유는 신들이 해야 하는 노역을 대신하는 자로 창조했다는 것입니다. 즉, 인간은 신의 노예로 창조된 것입니다. 바벨론의 왕은 바벨론의 신의 아들입니다. 마르둑 창세기는 모든 인간을 바벨론 왕의 종으로 묶으려는 정치종교적 의도가 깊이 들어있습니다. 엄청난 수로를 만들고, 성을 쌓고 하는 데 인간을 노예처럼 사용해야 하기 때문입니다.

그런데 창세기 1장은 이 바벨론의 정치종교를 철저히 부수는 책입니다. 창세기 1:28에 하나님께서는 인간을 하나님의 형상으로 창조하십니다. 인간이 하나님 같은 존재라는 것입니다. 어마어마한 인간 해방의 복음입니다. 인간은 노예가 아니고 모든 것을 다스리는 존재라는 것입니다. 많은 신학자들은 창세기 1장이 진짜 창세기라고 생각합니다. 당시의 수많은 가짜 창세기를 부수고 진짜 창세기를 계시한 책이 창세기 1장입니다.

창세기 1장은 정말 놀라운 하나님의 계시이자 말씀입니다. 여러 신들이 우굴거리던 시대에 하나님만이 유일한 신이시고 유일한 창조주이심을 선언한 책입니다. 하나님과 피조물과의 근본적인 차이를 선언한 책이고, 신으로 추앙받던 태양을 비롯한 하늘에 있는 모든 것들을 피조물로 격하시킨 책입니다. 창조주의 권능의 말씀이 세상 창조의 근원임을 선포한 책이고, 인간의 삶을 위한 모든 삶의 터전들을 하나님께서 친히 만드셨다는 것을 계시한 책입니다. 노예로 전락한 대다수 백성들이 노예가 아니고 하나님을 닮은 존귀한 존재들이라는 놀라운 인간의 인권을 선언한 책이고, 바벨론을 비롯한 고대 왕국들의 정치종교를 근원적으로 혁파하는 놀라운 책입니다. 하나님께서는 21세기의 천문학을 창세기 1장에서 계시하신 것이 아니고, 가짜 창세기들로 가득 찬 당시의 세계에서 기짜 창세기들을 부수고, 영원히 변치 않는 진짜 창세기를 계시한 책입니다.

# IV. 과학시대의 창조론

　　김명용 교수님께서 쓰신 책인『과학시대의 창조론』이라는 책
이 출간되었습니다. 이 책은 시중에서 종교 분야 주간 베스트셀러
가 여러번 될 정도로 많은 사람들이 찾고 있습니다. 오늘은 이 책
에 대해서 저자이신 김명용 교수님과 함께 신학대담을 나누도록하
겠습니다. 오늘 저는 사회를 맡게 된 윤형진 목사입니다. 만나서 반
갑습니다. 교수님.

　　**질문 1.** 먼저 이 책이 갖고 있는 특징에 대해서 간략하게 소개
해주시면 감사하겠습니다.

　　**답.** 이 책의 핵심적인 특징은 그동안 과학자들이 진화를 많이
이야기했지 않습니까? '모든 것이 다 진화되었다.' 이렇게 이야기
했는데 진화라는 것은 물질이 스스로 발전하는 것을 이야기하잖
아요. 그런데 이 책의 핵심은 하나님의 계속적 창조사역이다. 하나
님께서 계속적으로 창조하셨던 것인데 하나님을 빼버리는 바람에
진화라는 잘못된 이론으로 발전된 것이다. 그것이 이 책의 핵심적
인 내용입니다.

　　**질문 2.** 기독교가 진화론의 대안으로 지금까지 가르쳐 온 것
은 창조과학이나 유신진화론이었습니다. 교수님께서 쓰신『과학시
대의 창조론』은 어떤 이론을 갖고 있는지 거기에 대해 궁금함이 있

습니다.

**답.** 빅뱅부터 인류가 탄생할 때까지 전체 긴 자연의 역사의 여정의 핵심은 하나님의 계속적 창조사역이에요. 하나님의 창조사역은 태초의 창조가 있고, 계속적 창조가 있고, 종말론적인 창조가 있습니다. 어쩌면 빅뱅은 태초의 창조일지 몰라요. 그리고 하나님의 계속적 창조사역이고, 마지막에 새창조라고 이름을 붙일 수 있는 종말론적인 창조사역이 있습니다. 창조과학은 하나님의 계속적 창조사역을 잘 모릅니다. 그래서 '젊은 지구론'도 나오고, 사람과 공룡이 같이 살았다고 하는 특이한 이론들도 나오는데 창조론을 이야기하고 싶었지만 창조론을 바르게 이야기하는데 실패했다고 생각합니다.

유신진화론은 진화론과 하모니를 이루려고 한 이론입니다. 그런데 이것이 우리 정체성(identity)을 잃어버렸어요. 어떤 의미에서 진화론은 전부다 맞고, 창조론을 수정해서 연결하려고 하는, 우리가 항복한 이론이라고 보입니다. 유신진화론은 자연의 역사의 주체가 자연이에요. 물질입니다. 물질이 스스로 했다. 거기에 근본적인 문제가 있어요. 하나님께서 하신 것이에요. 하나님의 계속적 창조사역, 그래서 제가 이야기하고 있는 이 이론은 지금까지 있었던 창조과학이나 유신진화론과는 다른 어떤 의미에서는, 아마 세계에서 최초로 나온, 제 생각에는 창조와 진화의 문제를 참으로 해결하는 제대로 된 이론이라고 생각합니다.

**질문 3.** 네 감사합니다. 창조과학은 오늘날 과학적 발견을 성경적 과학에 근거해서 공격하는 특징을 갖고 있는데요. 정통과학계에서는 창조과학을 사이비과학이라고 비판하고 있습니다. 교수님께서 쓰신 책인『과학시대의 창조론』도 창조과학처럼 '창조론'이라는 단어를 사용하고 있는데요. 과학의 시대인 현재에 창조론이라는 단어를 사용하는 것이 과연 적합한지 거기에 대해서 궁금함이 있습니다.

**답.** 예,『과학시대의 창조론』이라는 책을 출간하니까 '창조론'이라는 표현 때문에 창조과학, 또 다른 형태의 창조과학이 등장한 것이 아니냐 이렇게 생각하시는 분들이 계세요. 이것은 창조과학과는 상당한 거리가 있는 책입니다. 저는 창조과학이 상당한 부분 오류를 범하고 있다고 생각합니다. 물론 창조과학이 잘하고 있는 부분도 있어요. 이 세상의 모든 것이 하나님에 의해 창조되었다. 그런 것들을 입증하게 위해 많은 노력을 하는 것은 훌륭한 일이고 또 그와 같은 일을 통해서 훌륭한 발견을 한 업적들도 있습니다. 그럼에도 불구하고 육천년에서 만년 정도의 지구의 나이를 계산하는 소위 '젊은지구론', 이것이 상당히 심각한 문제가 있다고 생각합니다. 공룡과 사람이 함께 살았다. 이런 것들은 아마 과학계에서 받아들일 수 없는 이론으로 보입니다. 그래서 아마 창조과학이 사이비과학으로 그렇게 규정된 것이 아닌가 이렇게 생각합니다.

제가『과학시대의 창조론』에서 창조론을 구축하려고 하는 대단한 노력을 여기에서 전개를 했는데 제가 창조론을 구축하기 위해서 노력한 노력의 핵심은 현재 발전되고 있는 과학을 공격하려는 관점에서 진행 한 것이 아니에요. 최첨단의 과학이 발견한, 너무나도 놀랍게도 최첨단의 과학이 하나님으로 가는 길을 열고 있어요. 제가 최첨단의 과학을 연구하면서 최첨단의 과학이 하나님으로 가는 길을 열고 있구나 너무나도 놀라웠습니다. 그리고 그 최첨단의 과학이 발견한 대단히 중요한 것을 몰트만 교수님이 가지고 계셨던 위대한 신학적 체계와 연결을 시켜서 신학과 과학이 진정한 의미에서 대화를 한 것입니다.

사실 유신진화론이 신학과 과학이 대화한 것이라고 일반적으로 생각하는데, 물론 대화는 했지요. 그러나 일방적으로 항복한 우리가 창조론을 희생시키고 그냥 진화론을 받아들인, 그러니까 '대화를 하면서 하모니를 이룬다' 이 말이 정말 맞는지 잘 모르겠어요. 제 생각에는 하모니가 아니고 진화론은 완벽하게 맞는 이론인데 우리가 전통적으로 가지고 있었던 창조론을 '이렇게도 수정하고 저렇게도 수정해서 어떻게 해서든지 진화론에 한 번 맞춰보자' 그게 유신진화론으로 보여요. 그런데 제가 『과학시대의 창조론』에서 전개하고 있는 이론은 그런 것이 아니라 첨단의 과학은 첨단의 과학이 이야기하는 그것은 그대로 두고 우리가 이야기하는 창조론의 기본적인 하나님께서 세상을 창조하셨다는 그것을 그대로 주장을 하면서 이 두개가 정말 자기의 정체성(identity)를 가지고 대화를 하는 것입니다. 그런데 제 생각에는 이렇게 아이덴티티를 가지고 대화한 이 대화가 마침내 성공을 거두었다고 저는 그렇게 생각을해요. 마침내 성공을 거둔 그 핵심적인 개념이 하나님의 계속적 창조사역인데, 이 하나님의 계속적 창조사역을 오해하는(misunderstanding) 한 것이 진화론이다. 이렇게 제가 발견한 것입니다. 그것을 쓴 것이 이 '과학시대의 창조론'의 핵심적인 내용이에요.

**질문 4.** 교수님께서 말씀하셨듯이 최첨단의 과학들이 창조론의 길을 열고 있다고 말씀하셨고, 책에도 기록되어 있는데 구체적으로 어떤 최첨단의 과학들이 창조론의 길을 열었는지 자세한 얘기를 듣고 싶습니다.

**답.** 현대물리학의 가장 첨단의 물리학은 양자물리학 소위 양자역학이라고 볼 수 있습니다. 양자역학이 대단히 급속도로 발전을 하고 있어요. 그런데 급속도로 발전하고 있는 20세기 말엽, 21세기에도 계속적으로 발전하고 있는 양자역학이 신으로 가는 길을 지금 열고 있어요. '양자역학이 어떻게 신으로 가는 길을 열고 있느냐?' 그것은 내용이 조금 복잡하기 때문에 제가 『과학시대의 창조론』의 대단히 중요한 내용들, 핵심적인 내용들을 설명하면서 제가 말씀을 드리려고 합니다. 최근 첨단의 양자역학이 신으로 가는 길을 열고 있다. 최첨단의 뇌과학도 역시 신과 관련된 어떤 영역에 부딪치고 있고, 또 생물학. 최근에 분자생물학이 발전하면서 어마어마한 상상을 초월하는 정보의 문제에 부딪치고 있어요. 정보의 문제가 바로 하나님과 관련된 개연성을 열고 있는 어떤 영역입니다.

한 가지 가장 일반인들이 이해하기 쉬운 이론은 천체물리학에서 많이 밝혀놓은 '정교하게 조율된 우주' 개념 (A fine-tuned universe)입니다. 정교하게 조율된 우주개념은 역시 하나님으로 가는, 신으로 가는 길을 여는, 오늘의 물리학의 위대한 발견이라고 볼 수 있어요. 이 발견들을 전부 종합해서 제가 발전시킨 이론이 바로 『과학시대의 창조론』 안에 들어 있는 이론입니다.

**질문 5.** 마지막 질문입니다. 교수님께서 주장하신 하나님의 계속적 창조론은 과거에 있었던 이론인 단계적 창조론과 굉장히 유사한 것으로 들리는데요. 이 두 개가 같은 이론인지 아니면 다른 이론인지 그리고 다르다면 어떤 부분이 다른지 궁금합니다.

**답.** 좀 닮은 느낌을 주지만 다른 이론이에요. 단계적 창조이론 Step by Step으로 하나님이 창조하셨다는 것과 제가 이야기하고 있는 하나님의 계속적 창조이론은 다른 이론입니다. 하나님께서 계속적 창조사역을 하실 때 단계적으로 창조하시는 경우도 있습니다. 그러나 갑자기 도약하는 경우도 많아요. 갑자기 새로운 것들을 많이 창조하시기도 하고, 또 어떤 경우에는 하나님께서 기존에 있는 생명체를 사용하셔서 미시세계에서부터 조금씩 창발하게 하시는 방법으로 창조하시는 경우도 있을 수 있습니다. 하나님의 창조사역의 방법이 대단히 다양합니다. 단계적 창조이론은 다양한 창조사역에 대한 전망이 부족합니다.

그런데 더 심각한 문제는 하나님의 계속적 창조사역은 과학과 억지로 타협하려고 하는 이론이 아닙니다. 우리는 우리의 창조론의 길을 가고 과학은 과학대로 자신의 길을 가는데, 우리가 우리의 길, 창조론의 길을 가는 그 길에서 과학과 대화하면서 창조론을 근거지을 수 있는 대단히 놀라운 어떤 것을 발견한 것을 이 책 속에서 이야기하는 것입니다.

그러나 단계적 창조이론이라는 것은 내용적으로 보면 과학과 상당히 타협하고 있습니다, 진화가 단계적으로 복잡한 곳으로 가는 것 같잖아요 그러니까 창조도 이렇게 단계적으로 이루어졌다고 하는 것입니다. 과학과 어떻게든지 하모니를 이루려고 합니다, 그래서 창세기 1장의 해석도 6일 만에 천지가 창조되는데 그 하루가 1억년이 될 수도 있고 10억년이 될 수도 있고 그렇게 해서 하루가

10억년이다. 이렇게 엿가락처럼 늘려가지고 과학과 하모니를 이루려고 하는 그런 특징이 있는 것이 단계적 창조이론입니다.

제가 단계적 창조이론에 대해서 불만을 가지고 있는 것은 창세기 1장을 그렇게 해석하는 것은 학문적인, 높은 학문적 신학이 이야기하는 해석이 아니에요. 그점에서 우선 문제가 있고 그 다음에 왜 그렇게 과학과 꼭 타협을 하려고 하는지 우리는 우리의 길을 가야하는데 과학과 타협하기 위해서 신학을 수정하는 그것도 제가 볼 때 바른 길은 아니라고 생각합니다. 우리가 과학을 공격해서 과학을 무너뜨리려고 하는 행동도 잘못된 것이지만 과학의 발전에 우리를 끼워맞추기 위해서 우리의 이론을 수정하는 그런 것이 아니고 정말 과학의 길과 우리의 신학의 길이 같이 만나서 진정한 의미의 대화를 해서 답을 찾은 것이 바로 하나님의 계속적 창조사역입니다. 진화라는 것은 하나님의 계속적 창조사역에서 하나님을 제외했기 때문에 나타나는 대단히 결함이 많은 이론으로 보입니다.

네, 감사합니다 교수님. 지금까지 저희가 몇 가지 질문들에 대해서 교수님과 함께 이야기를 나눠봤는데요. 더 자세한 내용은 온신학TV의 교수님 강의를 통해 들어보실 수 있습니다. 『과학시대의 창조론』은 지금 인터넷서점과 각종서점에서 판매되고 있으니까 여러분들 꼭 구매하셔서 과학시대에 더욱더 탄탄한 신학을 만들어가시기를 바랍니다. 지금까지 신학대담을 맡은 사회자 윤형진이었습니다. 감사합니다 교수님.

제 2 부

# 신 학 강 의

# 제 2 부

# 신학강의


## I. 과학으로 하나님의 창조를
## 설명할 수 있을까?


### 1. 과학으로 하나님을 증명할 수 있을까?

오늘 강의는 '과학으로 하나님을 증명할 수 있을까?' 입니다. 과학으로 하나님을 증명할 수 있을까? 제가 이 주제를 얘기하는 순간 아마 여러분들은 불가능하다, 이렇게 생각하실 것입니다. 열 분이 계시면 아홉 분이 '과학으로 하나님을 증명하는 것은 불가능할 것이다', 이렇게 생각할 가능성이 많습니다. 그런데 오늘 제가 얘기하는 강의를 여러분들이 다 듣고 나면 생각이 상당히 달라질 것입니다.

왜 과학으로 하나님이 증명되지 않는 것일까요? 우리의 경험이 그러하다고 말하는 것일까요? 오늘의 과학이 신이 없다고 말하기 때문인가요? 하나님 나라 신학의 관점에서 보면 이 세상 속에 여호와를 아는 지식이 충만해지는 것이 대단히 중요합니다. 이사야서에 의하면 메시아 왕국의 상징이 여호와를 아는 지식이 세상에 충만하다고 말씀했습니다. 교회가 가야 할 방향이 여호와를 아는 지식으로 충만한 세상을 만드는 것입니다.

하나님을 아는 방법으로 전통적인 신학이 두 가지를 얘기했어요. 일반계시와 특별계시입니다. 일반계시는 자연 계시라고 볼 수가 있지요. 창조 사역을 통해 나타난 계시입니다. 특별계시는 예수 그리스도 계시입니다. 성경도 특별계시라고 볼 수 있습니다. 전통적으로 우리가 하나님을 아는 방법 두 가지를 언급했는데, 과학은 첫 번째 있는 자연 계시와 관련되어 있다고 볼 수 있습니다. 과학이 다루는 문제가 전부 다 자연과 관련된 문제잖아요. 그런데 전통적인 신학이 자연 계시를 통해서 하나님을 알 수 있다고 얘기를 했어요. 그러니까 우리가 일반적으로 과학을 통해서 하나님을 알 수 있는 것은 불가능할 것이다 라고 생각하는 것과 우리 기독교 전통 신학이 얘기한 것 하고는 상당히 다른 것이죠. 간격이 있습니다.

전통적인 신학은 창조 계시를 통해서 하나님을 알 수가 있다고 얘기를 했습니다. 이것은 한국 장로교회의 신학적 아버지라고 존경을 받는 칼뱅(Jean Calvin) 선생도 역시 그렇게 가르치셨습니다.

이 우주 삼라만상, 곧 자연을 통해서 하나님을 알 수가 있다. 그런데 흐리게 안다는 거예요. 흐리게. 뚜렷하게 알아야 하는데, 정확하게 알아야 하는데, 흐리게 안다는 것입니다. 그런데 특별계시를 통해서 우리가 하나님을 정확하게 알게 되고 인격적인 관계도 맺게 된다는 것입니다. 특별계시를 통해 하나님에 대한 확실한 지식을 우리가 갖게 되지만, 이 창조 계시, 자연을 통해서도 하나님을 알 수가 있는데, 그런데 그것이 상당히 흐리다는 것입니다.

알 수가 있는데 왜 흐리냐? 왜 그러하냐? 이것이 중요한 문제입니다. 그 이유는 우리의 죄 때문이라는 것입니다. 우리는 인류가 만든 죄로 덮힌 지식을 갖고 있습니다. 그런 까닭으로 우리의 지식은 지극히 왜곡되어 있습니다. 우리의 생각, 우리가 가지고 있는 논리 이런 것이 전부 다 죄로 덮여 있기 때문에, 그래서 하나님을 정확하게 알지 못한다는 것이에요.

20세기 신학에 아주 결정적으로 영향을 미쳤던 칼 바르트(Karl Barth), 20세기 신학의 아버지라고 그러지요. 20세기 신학의 교부, 어쩌면 20세기 신학은 칼 바르트의 시대였다. 이렇게도 얘기를 하잖아요. 젊은 날의 칼 바르트는 이 자연계시에 대해서 대단히 부정적이었어요. 자연을 통해서 하나님을 인식하는 것은 실질적으로 불가능하다. 젊은 날의 칼 바르트가 이렇게 얘기했던 배경 속에는 히틀러와의 싸움이라는 특별한 역사적인 정황이 있었습니다. 그 당시에 자연계시와 관련해서 히틀러를 추앙하는 분위기가 아주 강하게 있었기 때문에, 절대로 안 된다. 이런 입장을 칼 바르트가 강조하고 또 강조했어요. 하나님이 자연과 역사 및 문화를 통해 자신을 계시하시는데, 오늘날 히틀러와 그가 내세운 국가 사회주의 이념을 통해 자신을 계시하셨다고 당시의 히틀러를 추종

하던 교회세력들이 주장했기 때문이었습니다. 그런데 세월이 흘러서 만년의 바르트, 신학의 정점에 올라있는 시절인 만년의 바르트의 글을 읽어 보면 이건 정말 어마어마한 신학의 천재의 글이 여기에 기록되어 있구나. 이런 생각이 듭니다. 젊은 날의 칼 바르트의 글과는 비교가 안 될 정도로 대단히 깊고 깊은 신학이 후기의 바르트, 만년의 바르트에게 나타납니다. 그런데 이 만년의 바르트의 글을 읽어 보면 꽃 한 송이만 봐도 하나님을 알 수가 있다는 것입니다. 겨울에 내리는 그 눈, 눈 한 송이만 봐도 하나님을 알 수가 있다는 거예요. 사실, 이것이 성경의 말씀이기도 합니다.

로마서 1장 20절을 보면 "창세로부터 보이지 아니하는 것들 곧 그의 영원하신 능력과 신성이 그 만드신 만물에 분명히 보여 알게 되나니 그러므로 아무도 핑계치 못할지니라." 이 피조물을 보면, 하나님께서 만들어 놓으신 꽃 한 송이, 겨울철에 흩날리는 그 눈 한 송이만 봐도, 하나님의 손길, 하나님의 신성을 알 수 있습니다. 시편 19편 1절을 보면 "하늘이 하나님의 영광을 선포하고 궁창이 그 손으로 하신 일을 나타내는도다." 저 하늘의 별들을 보면, 저 하늘에 떠 있는 태양을 보면 하나님을 알 수가 있다. 그 말이에요. 하나님의 그 영광과 위엄과 하나님의 그 놀라우신 손길을 저 하늘의 별을 보면, 저 하늘의 태양을 보면 다 알 수가 있다. 만년의 바르트는 이것이 사실이라고 얘기를 하는 거예요. 그러하다는 거예요. 이 자연을 통해서 하나님을 정말 알 수가 있다는 것입니다.

그런데 세상 사람들은 잘 모르지 않습니까? 세상 사람들이 왜 잘 모르느냐? 이 세상에 존재하고 있는 깊고 깊은 무의 힘 때문이라는 것입니다. 칼 바르트가 무의 힘이라고 하는 것은 마귀를 얘기하는 거예요. 이 마귀의 힘. 이 마귀의 힘에 상응하는 인간의 죄악성, 그리고 이 세상을 지배하고 있는 그 심각한 거짓, 요한복음 8장 44절을 보면 마귀는 처음부터 거짓말하는 자요. 마귀는 처음부터 살인자라고 언급되어 있습니다. 예수님께서 마귀가 하는 핵심적인 일을 거기에 언급하셨어요. 마귀는 처음부터 거짓말하는 자, 속이는 자라 그 말이에요. 거짓을 퍼뜨리는 자다. 이 세상에 존재하고 있는 그 거짓 뒤에는 마귀가 존재하고 있다. 하나님이 계심에도 불구하고 하나님이 계시지 않는다고 하고, 성경이 하나님의 말씀임에도 불구하고 아니라고 하고, 예수님께서 단 한 분 생명의 주요 구원자임에도 불구하고 아니라고 하고, 하나님께서 이 세상을 창조하셨음에도 불구하고 우연히 이 세상이 만들어졌다고 얘기를 하고, 이 무신론의 배후에는 깊고 깊은 어둠의 힘, 마귀의 힘이 존재하고 있습니다.

칼 바르트 교수는 만년에 하나님 나라를 세우기 위해서는 무의 힘을 깊이 인식하고, 무의 힘이 지배하는 이 세상 속에서 무의 힘을 깨뜨려야 한다고 강조했습니다. 하나님을 모르는 것이 당연한 것이 아닙니다. 과학이 하나님을 모르는 것 역시 당연한 것 아닙니다. 과학을 잘못 연구했기 때문입니다. 무의 힘을 깨뜨려야 합니다. 이것이 하나님의 나라를 세우기 위한 교회의 과제이며 그리스도인의 과제입니다. 우리가 성경을 읽어 보면 성령을 진리의 영이라 언급하고, 마귀는 거짓의 영으로 언급되어 있습니다. 성령은 진리의 영이에요. 이 세상에 진리를 세우시는 영이시죠. 여호와를 아는 지식으로 세상이 가득 차도록 만드는 영이 성령이십니다. 교회가 해야 할 일이 뭐냐 하면, 성령과 함께 이 세상을 지배하는 거짓의 힘을 무너뜨리고 하나님을 아는 지식으로 가득 찬 세상, 하나님의 영광이 빛나는 세상을 만들어 가야 하는 것입니다. 최근에 돌아가신

가톨릭의 대단히 유명한 신학자 한스 큉(Hans Küng)이라는 분이
계십니다. 너무나 유명한 신학자입니다. 지금 교황이 프란치스코
(Franciscus) 교황이신데, 이 교황 바로 직전의 교황이 베네딕토
16세(Benedictus XVI) 교황이었습니다. 베네딕토 16세와 한스 큉
교수는 친구 간이에요. 친구 간이기도 하고 서로 라이벌 관계이기
도 하고 독일 튀빙겐 대학교(Univesitt Tübingen) 신학부 교수직
을 두고 두 분이 서로 경쟁을 하신, 그런데 한스 큉 교수가 뽑히셨
습니다. 베네딕토 16세는 교황이 되기 전에 라찡어(J. Ratzinger)
라는 이름을 가지고 계셨죠. 그래서 라찡어 교수님은 레겐스부르
크 대학(Universität Regensburg)으로 가셨습니다. 거기에 교수
로 계시다가, 나중에 추기경도 되시고, 교황까지 되셨습니다. 바로
그 한스 큉 교수, 가톨릭에서 너무나도 유명한 한스 큉 교수께서 하
나님이 계신다는 것은 설득력 있게 말해질 수가 있다고 주장했습
니다. 독일말로 '베바르하이텐'(Bewahrheiten)이라는 용어를 사
용하셨어요. 아직 이 세상에 어둠이 깊기 때문에 완벽하게 입증하
는 것(Beweisen)에는 어려움이 있을지 모르지만, 하나님을 설명
함에 있어서, 하나님이 계신다는 것을 설명함에 있어서, 진실이라
고 설득력 있게 설명할 수가 있다는 뜻이었습니다.

　하나님이 세상을 창조하시고 하나님이 이 세상을 다스리고 계
시는데, 이 세계를 보면 하나님과 관련된 하나님의 놀라우신 능력
과 신성이 이 세계 속에 다 존재하고 있는데 왜 하나님에 대해서 설
득력 있게 언급할 수가 없을까요? '베바르하이텐'(Bewahrheiten),
하나님에 대해서 설득력 있게 말할 수 있다. 최근에 발견된 양자역
학의 놀라운 발견, 양자역학이 신으로 가는 길을 열고 있고 또 분
자생물학의 놀라운 발견, 분자생물학이 하나님의 신비와 부딪치고

있는 것입니다. 놀라운 정보의 문제, 이 정보의 문제에 더 깊이 들어가면 하나님의 신비와 부딪치게 돼 있어요. 뇌과학의 문제도 마찬가지지요. 영혼의 문제, 보이지 않는 세계가 존재하고 있습니다. 과학적으로 보이지 않는 세계가 존재하고 있고, 과학적으로 하나님에 대해서 상당히 많이 얘기할 수가 있다는 그 근거를 앞으로 말씀드릴 것입니다. 이 새로운 과학적 발견에 근거해서 하나님께서 이 세상을 창조하셨다는 것을 더 자세하게 말씀드리도록 하겠습니다.


## 2. 무너지는 세계교회를 살리는 길

오늘의 주제는 '무너지는 세계교회를 살리는 길'입니다. 지금 세계교회가 대단히 빠른 속도로 무너지고 있어요. 물론 아프리카나 아시아 지역 선교지에는 교회가 성장하고 있습니다. 그러나 특별히 제 1세계, 유럽이나 미국이나 제 1세계의 교회가 엄청나게 심각하게 붕괴하고 있어요. 우리 한국도 제 1세계에 이제는 속하기 때문에 그 1세계의 특징이 한국 안에 상당히 많이 들어와 있습니다. 한국교회도 그동안 성장을 거듭하다가 어느 시점부터 중지가 되었고 지금 오히려 이렇게 감소하는 그런 분위기로 바뀌었어요. 왜 이렇게 붕괴를 하느냐? 많은 학자들이 연구를 하셨는데, 그 연구를 종합해 보면 그 핵심은 세속화입니다.

세속화. 세속화 때문에 세계교회가 붕괴하고 있어요. 그런데 세속화라는 개념은 상당히 넓은 개념인데 그것을 조금 더 자세하게 들여다보면 어떻게 되느냐? 크게 두개의 흐름이 있습니다. 하나는 행복과 쾌락을 추구하는 흐름이 있고, 하나는 과학적 무신론이라는 이성적인 차원, 그 차원에서 일어나는 세속화의 문제가 있습니다. 쾌락과 즐거움, 행복을 추구하는 이 흐름은 영국이나 유럽이나 미국이나 캐나다나 호주나 어디에 가든지 이 현상을 발견할 수가 있어요. 사람들은 행복과 쾌락을 추구합니다. 왜 교회를 떠나느냐 하면 교회에 가게 되면은 뭔가 억압을 당하는 것 같은, 뭔가 그런 방향으로 가면은 안 되는 것 같은 그런 분위기가 교회 안에 강하게 있기 때문에 이분들이 교회를 떠나고 싶어 하는 거예요. 교회를 떠나서 자유를 얻고 싶은 것입니다. 그래서 그 속에서 행복과 쾌락을, 자기가 원하는 방식으로 즐기고 싶은 이 흐름이 특별히 제 1세계에 강하게 영향을 미치면서 수많은 사람들이 교회에서부터 이탈해 나가는 현상이 나타났고 심화되고 있습니다.

그러면 이 세속화의 흐름을 어떻게 극복할 수가 있겠느냐? 이게 굉장히 중요하지요. 가장 중요한 것은 교회가 기쁨의 복음, 기쁨의 신학을 발전시키는 것입니다. 원래 복음이 기쁨이에요. 기쁜 소식이잖아요. 어마어마하게 기쁜 소식이 복음입니다. 그리고 그 기쁜 소식을 신학적 내용으로 하고 있는 신학이 기쁨의 신학이에요. 그러니까 세상에서 보다도 교회에 오면 더 감격스럽고 더 기쁘고, 더 행복해지면 사람들이 세상으로 나가지 아니하고 교회에 있는 것입니다. 주님 안에 있으면 그리스도 안에 있으면 더 행복하고 기쁘다. 그러면 세상으로 안 나갑니다. 그리스도 안에 있으려고 하지요. 세상의 행복과 쾌락은 오래 가지 않습니다. 얼마 안 가서 허무에 휩싸이지요. 나이트클럽에 가서 춤추고 술 마시고 일시적으로 좋을지 모르지만, 그분들을 추적해 보면 얼마 안 가서 허무에 휩싸이고, 무슨 약을 먹기도 하고, 그 어둠 속에 휩싸여있는 것들을 볼 수가 있어요. 세상의 행복을 찾아서 세상으로 뛰어나가지만, 세상이 정말 행복을 줍니까?

세상이 엄청나게 무섭습니다. 이런 세상의 무서움에 사람은 부딪히게 되어 있습니다. 허무와 절망을 느끼게 됩니다. 세상이 정말 무섭습니다. 예수님께서 세상에 오신 이유입니다. 세상이 정말 기쁘고 행복하면 구원자이신 예수님께서 오실 필요가 없었을 것입니다. 세상에 나가면 행복할 것 같은데 실제로 나가보면 아니에요. 진짜 진짜 무서운 것입니다. 마지막엔 죽음이 있습니다. 어디에 진짜 행복이 있느냐 하면 그리스도 안에 있고, 복음 안에 있어요. 교회 목사님들은 설교할 때에 이 기쁨의 복음을 전해야 합니다. 신학자들은 기쁨의 신학을 발전시켜야 합니다.

기쁨의 신학이 번영의 신학이 아니냐? 기쁨의 복음이 번영의 복음이 아니냐? 이렇게 질문하시는 분들이 계실 수 있는데 아니에요. 번영의 복음과 기쁨의 복음은 다릅니다. 뭐가 다르냐 하면 기쁨의 복음은 가진 것이 적어도 행복한 복음이에요. 이 기쁨의 복음은 사망의 음침한 골짜기에서도 해 받음을 두려워하지 않는 복음입니다. "높은 산이 거친들이 초막이나 궁궐이나 내주 예수 모신 곳이 그 어디나 하늘나라"(찬송가 438장). 기쁨의 복음의 기쁨의 근거는 번영에 있는 것이 아니고 주님과 함께 있음에 있고, 천국에 두고 있는 기쁨입니다. 죽음이 만드는 허무까지도 하늘의 기쁨으로 바꿀 수 있는 기쁨이에요. 세속화의 첫 번째 중요한 영역, 세상의 행복과 쾌락을 추구해 나가는 이 흐름을 진짜 극복할 수 있는 길은 복음 속에 있어요. 이 기쁨의 복음을 설교하고, 기쁨의 신학을 만들어서 성도들을 가르치고 양육하게 되면 성도들이 세속화의 흐름을 극복해낼 수가 있고 또 세속화의 길로 갔던 사람들을 다시 그리스도로 오게 할 수가 있어요.

두 번째 세속화의 중요한 흐름이라고 볼 수 있는 과학적 무신론. 이 과학적 무신론의 문제가 특별히 20세기 후반부터 전 세계를 휩쓸고 있습니다. 1986년에 그 유명한 생물학자 무신론자 리차드 도킨스(Clinton Richard Dawkins)의 책 『눈먼 시계공』(The Blind Watchmaker)이 출간되었어요. 300만부 이상이 팔렸죠. 두 해가 지나서 또 유명한 물리학자 호킹(Stephen William Hawking)의 책인 『시간의 역사』(A Brief History of Time), 이 책은 천만 부 이상 팔려나갔습니다. 이 두 학자로 대표되는 영국의 과학적 무신론에 의해 영국이 완전히 무신론으로 뒤덮여버렸습니다. 오늘날 과학적 무신론자들은 어마어마하게 많습니다. 2005년 미국의 펜실베니아주 도버(Dover)에서 있었던 도버 재판은 기독교 창조론에 결정적인 비극이었습니다. 이 도버 재판 이후 세상이 하나님에 의해 설계되어 창조된 세상이라는 오랫동안의 기독교 창조론은 사이비 과학으로 규정되고, 모든 과학적 연구는 무신론에 기반한 진화론적인 연구만이 학문적인 가치를 입증받게 되었습니다.

오늘날 세계를 지배하는 진리는 과학적 진리입니다. 과거에는 성경이나 교회의 가르침이 진리라는 인식이 강하게 있었지만, 이 시대는 지나갔습니다. 이성의 시대가 왔고 과학의 시대가 왔습니다. 과학이 사이비라고 하면 사이비가 되는 시대가 오늘의 시대입니다. 세속화란 본질적으로 종교에서 이탈해서 세상으로 가는 것을 의미하는데, 세상의 가장 큰 진리가 과학이기 때문에 세속화 시대란 종교의 권위가 무너지고 과학의 권위가 지배하는 시대를 의미합니다. 그런데 그 엄청난 권위를 지닌 과학이 종교로부터 자율권을 얻은 것으로 만족하지 않고, 마침내 종교를 사이비로 규정하기 시작한 것입니다. 기독교 신앙의 첫째 기둥인 창조주 하나님에 대한 신앙을 철저하게 허물고 있는 것입니다.

1859년 다윈(Charles Robert Darwin)의 『종의 기원』(On the Origin of Species)이 출간된 이후 점차 세력을 확장해 가던 진화론은 20세기 후반부터 세계를 오랫동안 지배하던 창조론을 몰아내고 마침내 세계의 지배적인 세계관으로 등극했습니다. 이 세계관의 영향을 받은 젊은이들과 지성인들은 엄청나게 교회를 떠나게 되었고 영국과 미국 및 유럽의 교회들은 텅 빈 예배당을 바라보고 있어야 하는 심각한 상황이 왔습니다. 이 심각한 상황이 계속될수록 세계교회의 위기는 더욱 깊어질 것이고, 세계 선교는 극복할 수 없는 벽에 부딪힐 것입니다. 이 위기를 극복할 수 있는 길이 있을까요?

이 심각한 상황을 인식하고 이 위기를 극복하고자 하는 노력이 나타났는데, 우선 언급할 수 있는 중요한 기관은 미국의 템플턴(Templeton) 재단입니다. 미국의 템플턴 재단은 유신진화론적 관점에서 이 위기를 극복하려는 기관입니다. 모리스(C. Morris)의 수렴진화론은 진화에 목적성이 있다는 것을 밝힌 대단히 중요한 이론인데, 템플턴 재단의 노력과 연결되어 있습니다. 진화에 목적성이 있다는 것은 진화가 하나님의 창조일 수 있다는 결론과 연결될 수 있습니다.

템플턴 재단의 무너지는 창조론을 살리기 위한 노력은 매우 가치가 있는 것이었지만, 한계는 진화론의 틀 속에서 이 일을 진행하고 있다는 점입니다. 템플턴 재단이 진화론을 확립된 과학적 이론으로 받아들이고 있는 점이 이 재단의 한계로 보입니다. 템플턴 재단은 진화론과 과학이 일치하지 않는다는 점을 깊이 고려하지 않는 것으로 보입니다. 진화론은 과학을 물질주의적으로 해석한 유물론입니다. 오늘의 물리학, 생물학, 화석을 통한 고고학의 발견들은 다른 관점으로 해석될 가능성이 매우 많습니다. 물질주의적으로 해석하는 것은 매우 가망 없는 해석이라는 것을 깊이 고려하고 있지 않는 것에 템플턴 재단의 한계가 있는 것으로 보입니다.

창조론을 살리기 위한 또 하나의 노력은 창조과학입니다. 창조과학은 진화론과 타협하지 않고 이 세계가 하나님의 창조세계라는 굳은 믿음을 기초로 하나님의 창조를 입증할 수 있는 많은 근거들을 발견했습니다. 그러나 이 창조과학은 성경에 대한 근본주의적 해석 위에서 성경의 과학이 영원한 오류 없는 과학이라는 신념 위에서 지구와 우주의 역사를 다루는 까닭에, 지구와 우주의 역사가 6,000년에서 1만년이고, 공룡과 인간이 함께 살았다는 과학자들이 도저히 받아들일 수 없는 이상한 과학을 주장하게 되었고, 결국 사이비 과학으로 낙인찍히는 불행을 맞이하게 되었습니다. 이 창조과학의 길은 바른 길이 아닙니다. 이것이 바른 길이 아닌 이유를 나중에 자세히 강의하도록 하겠습니다. 창조론의 위기를 극복하는 길은 창조과학의 길이 아닙니다.

미국 시애틀(Seatle)에 있는 디스커버리 연구소(Discovery Institute)는 기독교 창조론의 핵심이라고 할 수 있는 설계론을 입증하고자 노력하는 기관입니다. 이 기관은 창조과학의 실패를 반복하고 있지 않는 점에 큰 장점이 있습니다. 창조과학과 마찬가지로 주로 진화론을 반대하는 보수적인 과학자들로 구성된 기관이지만, 창세기 1장이 다양하게 해석될 수 있다는 것을 인식하고 창세기 1장을 문자적으로 과학과 연결하고자 하는 무리한 작업을 하지 않는 점은 장점으로 보입니다. 특별히 이 연구소의 마이어(S. Meyer)라는 학자는 탁월한 연구 업적으로 진화론을 무너뜨리는

대로를 열고 있는 것으로 보입니다.

　마이어는 2009년 『세포 속의 시그니처』(Signature in the Cell)라는 매우 중요하고 놀라운 연구 업적을 발표했는데, 세포 속에 있는 천문학적 정보는 돌연변이나 자연선택이라는 진화론의 메커니즘으로는 결코 설명할 수 없음을 과학적으로 입증했습니다. 마이어의 발견은 엄청난 것입니다. 진화론이 정보에 의해 붕괴되고 붕괴될 수 밖에 없음을 밝힌 그의 연구는 진화론에 결정적으로 타격을 주는 것이었습니다. 2013년에 출간된 그의 책 『다윈의 의문』(Darwin's Doubt)은 미국 뉴욕 타임즈의 베스트셀러로서 마이어의 과학적 연구가 사실상 사이비 과학이 아니고 무신론적 진화론에 결정적인 과학적 문제제기의 책이라는 것을 사회적으로 입증하는 책이 되었습니다. 무너지는 창조론을 살려낼 수 있는 대단히 중요한 과학적 근거가 마이어를 통해 제시되었습니다.

　돌연변이와 자연선택은 자연 속에서 흔히 나타납니다. 그런데 돌연변이와 자연선택은 진화와 일치하지 않습니다. 중요한 것은 다윈은 그것이 진화를 일으키는 결정적인 요인이라고 주장했지만, 그것은 진화를 일으키는 결정적 요인이 아닙니다. 진화를 일으키는 결정적 요인이 있다면 그것은 하나님의 계속적 창조행위입니다. 무신론적 과학자들이 진화라고 한 것은, 물질이 스스로 진화한 것이 아니고 하나님께서 새로운 정보를 주입하시고 그의 능력으로 새롭게 창조한 것입니다. 진화는 하나님의 계속적 창조를 오해한 것입니다. 앞으로 강의 할 강의 속에 이 내용이 자세히 설명될 것입니다. 2020년에 출간된 제가 쓴 『과학시대의 창조론』은 무너지는 창조론을 구하기 위한 책입니다. 앞으로 강의 할 강의 속에 이 책의 내용도 상당히 언급될 것입니다.

# II. 보이지 않는 세계를 발견한
  오늘의 양자역학

## 1. 양자역학이 발견한 보이지 않는 세계

오늘의 주제는 '양자역학이 발견한 보이지 않는 세계'입니다. 양자역학은 물리학입니다. 최첨단의 물리학이죠. 여러분, 물리학은 물질 상호간의 관계나 힘이나 질량의 양이나, 이런 것들을 연구하는 학문이잖아요. 물리학은 보이는 세계의 것들을 연구하는 학문입니다. 그런데 최첨단의 물리학이 보이지 않는 세계의 경계에 도달했어요. 보이지 않는 세계에 부딪히게 된 것입니다. 이것이 굉장히 중요한 일입니다. 그런데 최첨단의 물리학이 보이지 않는 세계의 경계에 도달했어요. 보이지 않는 세계를 감지하기 시작했습니다. 이것은 엄청난 사건이에요. 물리학이 종교의 영역 어쩌면 신학의 영역과 부딪치고 있는 이 엄청난 일이 일어나게 된 것입니다.

오늘은 그 이야기를 여러분들에게 하려고 합니다. 그동안 오랫동안 세계 물리학자들은 이 세상이 원자로 구성되어 있다, 그렇게 말씀을 하셨어요. 학생들에게 강의를 할 때, 너희가 꼭 기억해야 할 것은 이 세상의 모든 것, 이 우주의 모든 것들은 원자로 구성되어 있다. 그러니까 사람이든 책상이든 돌이든 전부 다 분석해서 세밀하게 들어가 보면, 미시세계의 분자가 나오고 더 들어가면 원자가 있다. 더 이상 나눌 수 없는 최소단위의 원자가 있다. 그러므로 이 세계는 이 원자들로 구성되어 있다. 그렇게 가르쳤어요. 세상이 원자들로 구성되어 있다는 말은 세상이 물질로 구성되어 있다는 말입니다. 원자라는 최소 단위의 물질이 서로 연결되어서 세상이 만들어져 있다는 말은, 이것 외의 다른 세계(종교에서 흔히 언급하는 신이나 영혼 마귀 영적인 활동이나 능력 같은 것들)는 과학의 영역이 아닐 뿐만 아니라 그런 것들은 존재하지 않는다는 의미를 내포하는 가르침이었습니다. 그런데 그 가르침이 이제는 잘 맞지 않습니다. 그 원자들도 양성자와 중성자, 전자로 나뉘어지는 것입니다. 그리고 양성자 중성자들도 더 깊이 연구를 해보니까, 이것은 진짜 미시세계지요. 엄청난 미시세계입니다. 그 엄청난 미시세계로 들어가보니까, 쿼크(quark)라는 것이 있고 렙톤(lepton)이라는 것이 있는 것입니다.

　　이것들은 아주 작은 입자들입니다 그래서 소립자라고 표현하기도 합니다. 그런데　너무나 작은 입자인 이 쿼크도 한 개만 있는 것이 아니라 여섯 개의 쿼크가 있다는 것을 발견했어요. 이 랩톤도 한 개만 있는 것이 아니라 여섯 개가 있다는 것을 알게 되었어요. 그러니까 이 소립자가 열두 개가 있는 것이지요. 그런데 신의 입자라고 하는 힉스 보손(higgs boson)이 2012년에 또 발견되었습니다. 그러니까 열세 개의 소립자가, 어떤 분들은 그것을 '아원자' 라는 말로 쓰기도 합니다, 발견되었습니다. 그리고 이 우주 안에는 네 개의 힘이 있다는 것을 알고 있었습니다. 이 네 개의 힘은 중력과 전자기력, 강한 핵력과 약한 핵력입니다. 그래서 지금 세계의 물리학자들은 이 우주 삼라만상을 구성하는 기본 단위는 열일곱 개라고 생각합니다. 우주를 구성하는 것은 이 열일곱 개, 이것들이 이렇게 모이고 저렇게 모이고, 서로 연결되어 우주를 만든 것이다고 생각합니다. 여기까지는 세상이 물질로 구성되어 있다는 것의 연장으로 물질로 구성되어 있는 세계를 더욱 세밀하게 안 것에 불과합니다. 물리학계에 그렇게 심각한 문제가 아닙니다. 물리학자들이 정말 깊은 곳까지 들어가서 많은 것을 발견해냈구나. 우리가 감탄하는 그런 차원이겠지요.

그런데 지금부터 심각합니다. 더 연구를 해보니까, 더 연구하고 더 조사를 해보니까 이 우주는 양자파동(요동)이 그 근원에 있다는 것을 알게 되었어요. 그리고 이 양자파동에서부터 소립자가 등장한다는 것을 알게 되었습니다. 그러면 이 우주가 양자파동에서부터 만들어진 것이 아니냐? 연구를 해보니까 양자파동에서 아주 작은 입자들이 등장하는 것입니다. 놀라운 것을 발견한 것이지요. 세계의 무신론자들이 쾌재를 울렸습니다. 야~ 우주의 근원이 드디어 밝혀졌다. 기독교 창조론자들이 '우주의 근원은 신이다.' 이렇게 이야기했는데, 아닌 것입니다. 양자파동이라는 질량도 없는 어떤 것에서부터 물질이 등장하는 것입니다. '무에서부터의 창조(creatio ex nihilo)'. 하나님께서 무에서부터 세상을 창조하셨다, 그렇게 하셨다고 우리 기독교 창조론자들이 이야기 했지 않습니까? 그런데 질량도 없는 그 무와 같은 양자파동에서 소립자가 등장하는 것입니다. 이 자리에서 우리 기독교 창조론자들은 굉장히 곤욕을 치를 수밖에 없는 상황이 되었습니다. 창조주 하나님을 언급하지 않고도 세상의 존재를 언급할 수 있게 되었기 때문입니다. 우주가 저절로 모든 것을 만들고 있다는 것이 과학적으로 밝혀지기 시작했기 때문입니다. 무신론자들이 우리 기독교 창조론자들을 그냥 아주 완전히 이론적으로 격파시킬 수 있는 그런 상황이 된 것입니다.

그런데 더 놀라운 것이 밝혀졌어요. 더 놀라운 것이 밝혀졌는데 그 핵심은 양자파동이 어떤 정보에 의해서, 이 파동이 붕괴되고 입자가 탄생한다는 것을 알게 된 것입니다. 어떤 정보가 양자파동에 영향을 미치면서 입자가 탄생하는데, 이를 다시 설명하면, 이 세상에 등장하는 수많은 입자들, 수많은 물질들 뒤에는 정보가 있고 어떤 의식이 있다는 것을 알게 되었습니다. 이것은 양자역학이 밝혀낸 대단히 중요한 발견입니다. 이 우주를 구성하는 근원(fundamental), 그 근원은 의식과 정보가 틀림없다. 지금 세계의 양자물리학자들이 여기까지 알게 되었습니다. 이 놀라운 사실을 실험적으로 알게 되었습니다. 이것은 더 이상 추론이 아니고 과학적 실험의 결과입니다. 다음 강의에서 이 실험, 곧 '물리학 역사에 있어서 가장 아름다운 실험'(물리학자들이 언급하는 아름답다는 표현은 일반적으로 어마어마하고 대단함의 의미를 가짐)이 언급될 것입니다.

　물리학자들의 입에서 탄식이 흘러나왔습니다. '이건 물리학의 종말이 아니냐?' 왜냐하면 의식과 정보라는 것은 보이지 않는 세계이기 때문입니다. 그 보이지 않는 세계에서부터 보이는 물질이 등장한 것입니다. 그러니까 그동안은 '물질이 모든 것이다!' 이렇게 이야기했는데 그 물질이 모든 것이 아니라 더 근원에 어떤 의식이 있고 정보가 있는 것입니다. 그런데 여러분 한번 생각을 해봐요. 이 어마어마한 우주를 만든 그 의식과 정보는 도대체 무엇일까요? 혹시 이 의식과 정보가 하나님일 가능성은 없을까요?

　영국 옥스퍼드(Oxford)에 대단히 유명한 학자가 있습니다. 케이스(Ward Keith)라는 학자신데, 이분은 과학과 종교분야에 세계적인 권위를 가지고 있는 대단히 유명한 학자이십니다. 현재 양자역학이 밝힌 의식과 정보는 신으로 가는 길을 열고 있다. 케이스의 말씀입니다. 여러분 한 번 생각해 보세요. 이제 우리가 앞으로 계속해서 생각해야 될 대단히 중요한 주제입니다. 이 의식과 정보, 이 우주를 만든 정말 근원이 되는 의식과 정보는 신으로 가는 길을 열고 있지 않습니까? 모아랜드(J. P. Moreland)라는 『영혼』(The Soul) 이라는 책을 써서 세계에 많이 알려진 유명한 학자가 있습니다. 이분은 '의식으로부터의 신 논증이 충분히 가능하다' 라는 입장을 얘기했어요. 그러니까 양자역학이 밝힌 의식과 정보에서부터 하나님을 논증하는 방식, 이것은 옛날에는 없던 신 논증입니다. 과거에는 우주론적 논증, 목적론적 논증, 이런 것들이었는데, 의식과 정보로부터 하나님을 논증할 개연성이 열렸다고 모아랜드는 주장한 것입니다. 우주의 근원이 되는 의식과 정보는 하나님의 영으로부터 오는 어떤 것들이 아닐까요?


## 2. 양자역학에 의해 붕괴되고 있는 신다윈주의 무신론

오늘의 주제는 '양자역학에 의해 붕괴되고 있는 신다윈주의 무신론' 입니다. 첨단의 물리학인 양자역학에 걸려서 우리가 지금까지 믿어왔던 신다윈주의 세계관이 붕괴되고 있다. 그런 말씀입니다. 다윈주의와 신다윈주의가 무엇이 다르냐? 신다윈주의는 다윈주의를 계승한 것입니다. 다윈주의에 유전에 관한 것이 합쳐지면 이것을 신다윈주의라고 합니다. 그래서 지금은 유전의 문제가 다윈주의 철학에 대단히 중요하고, 다윈주의 과학에 대단히 중요하기 때문에 일반적으로 신다윈주의라고 합니다. 그런데 신다윈주의의 무신론과 신다윈주의의 과학과 세계관이 양자역학이라는 최첨단의 물리학에 걸려서 붕괴 직전에 와 있습니다. 신다윈주의자들은 붕괴가 되지 않는다고 이야기하시는 분도 있는데 붕괴된 것이나 마찬가지라고 생각하는 학자들도 많이 계십니다. 오늘은 그 문제를 여러분들에게 말씀을 드리려고 합니다.

제가 써서 출판한 『과학시대의 창조론』(2020) 안에 이 내용이 상당 부분 설명되어 있습니다. 1998년에 이스라엘의 와이즈만 과학원(Weizmann Institute of Science)이 대단히 중요한 실험을 합니다. 와이즈만 과학원에서 행한 실험인데 세계적으로 유명한 네이처(Nature)지에서 '물리학 역사에 있어서 가장 아름다운 실험'이라고 표현한 유명한 실험입니다. 물리학자들이 가장 아름답다고 하는 것은 일반적으로 대단한 (The greatest) 것을 이야기할 때 아름답다는 표현을 많이 씁니다. 물리학 역사에서 가장 대단한 실험이 와이즈만 과학원에서 이루어졌습니다. 일명 '이중슬릿'(double slit) 실험이라는 것인데, '슬릿'이라는 것은 틈입니다. 두 개의 틈을 만들고 그 틈으로 전자를 쏘는 것입니다. 이렇게 틈으로 전자를 쏘면 전자는 파동(wave)의 특징을 갖고 있기 때문에, 이중슬릿을 지나가면 그 뒷면에 간섭무늬가 나타나게 되어있어요. 즉, 양자의 성격을 갖고 있는 것을 이렇게 쐈을 때 뒤에 파동의 형태에 기인한 간섭무늬가 나타나야 되는데, 누군가가 관찰을 하면, 이것이 대단히 중요한 것입니다, 파동이 붕괴되고, 놀랍게도 입자로 변하는 것입니다. 입자! 입자로 변해서 뒷면에 간섭무늬가 없어집니다. 그러니까 이렇게 '또.또.또.또.또' 간섭무늬 없는 점으로 나타나는 것입니다. 점으로 구성된 두 개의 줄만이 나타나는 것입니다. 관찰을 하면, 그러니까 양자파동은 관찰을 하면 붕괴를 하는 것입니다. 그리고 입자로 나타나는 것입니다.

이 놀라운 현상을 관찰자 효과라고 합니다. 그러면 이 관찰자 효과라는 것은 정확히 무엇일까요? 관찰할 때 빛을 쏘는 행위 같은 것과 관련되어 파동이 붕괴된 것일까? 관찰장비(detector)와 관련된 어떤 것 때문에 양자파동이 붕괴해서 입자로 바뀐 것일까? 1998년 이스라엘 와이즈만 과학원 실험에서 대단히 중요한 것이 무엇이냐면 관찰장비가 아니고 관찰자의 의식과 관련되어 파동이 붕괴되는 것이 틀림없다는 것입니다. 관찰자의 생각! 놀랍죠? 어떻게 우리가 가지고 있는 의식. 이건 물질도 아니에요. 우리가 가지고 있는 정보. 이걸 알아내어서 파동이 붕괴되고 입자로 나타날 수 있을까요? 너무나 놀라운 일이 과학적으로, 실험적으로 밝혀진 것입니다. 양자파동이 의식이나 생각, 혹은 정보에 의해 붕괴되고 입자로 변하는 신비한 일이 실험실에서 확인된 것입니다. 입자라고 표현되는 물질이 의식이나 생각, 정보라는 물질이 아닌 보이지 않는 어떤 것에 의해 탄생되는 이 기막힌 진실이 과학적으로 증명된 것입니다. 이 놀라운 실험은 이스라엘의 헤이블럼(Mordelhai Heiblum) 교수팀에 의해 행해졌습니다. 그런데 이 실험을 한 번만 한 것이 아닙니다. 계속, 또하고, 또하고, 수십 번을 했는데도 결과는 똑같이 나오는 것입니다. 그리고 유사한 실험이 세계의 유명한 과학기관에서 많이 행해졌는데, 결과는 동일했습니다.

　'의식과 생각 및 정보가 이 우주를 만든 근원이구나!' 이 놀라운 진실이 실험적으로 입증된 것입니다. 그런데 이렇게 될 것이라고 추정했던 사람들은 이미 오래전부터 많이 있었습니다. 양자역학의 선구자인 막스 플랑크(Max Karl Ernst Ludwig Planck, 1858-1947)는 의식이 이 우주의 기초(Matrix)라고 오래 전에 주장했습니다. 그런데 그들의 생각이 실험에 의해 입증된 것입니다. 이제 이것은 거의 거부할 수 없는 진실(fact)이 되었습니다. 그러면 이 우주가 의식과 정보에 의해서 생겨난 우주가 아닐까요? 이 우주 안에는 물질이 아닌 어떤 것들이 존재하고 있고, 어쩌면 물질 보다 더 본질적인 어떤 것이 존재하고 있는 것이 아닐까요? 오늘날 세계를 지배하고 있는 신다원주의 세계관은 거대하게 수정되어야 하는 것이 아닐까요?

신다원주의 세계관은 물질에 의해서 물질이 서로 연결되어 뭔가를 만들어낸다는 것입니다. 신다원주의 세계관의 핵심은 물질주의이고 이 세상에 물질이 아닌 보이지 않는 것은 없다는 세계관입니다. 신다원주의의 물질주의는 심각한 오류일 가능성이 큽니다. 제가 책을 한 권 가지고 왔는데 네이글(Thomas Nagel) 이라는 분이 쓴 책입니다. 이 책은 2012년 영국의 옥스퍼드(Oxford) 대학 출판사에서 출간한 책입니다. 그런데 이 책의 제목은 『생각과 우주』(Mind and Cosmos)입니다. 지금 이야기하고 있는 것과 연결이 되지요? 우리의 생각(Mind)과 우주(Cosmos)와의 관계를 연구한 책입니다. 오늘의 양자역학이 주장하고 있는 우주의 근원이 생각(Mind)이라는 것을 이야기하려고 하는 책인데, 이분이 부제로 달아놓은 제목이 의미심장합니다. 부제를 보면 '왜 물질주의자인 신다원주의자들의 자연에 대한 이해는 거의 확실하게 오류일까?'(Why the Materialist Neo-Darwinian Conception of Nature is almost certainly false?)라고 적혀 있습니다. 거의 확실하게 거짓이다! 지금 대다수의 분들은 신다원주의가 이야기하는 과학, 세계관, 그 무신론이 절대적으로 맞다고 생각하고 있습니다. 한국에도 제 생각에는 아마 거의 대다수의 분들이 신다원주의자들이 이야기하는 그 세계관, 그 무신론, 그 과학이 절대적으로 맞다. 그렇게 생각하고 있을 것으로 생각이 됩니다. 그런데 이분께서 하시는 말씀은 거의 확실하게 거짓이라는 것입니다. 거의 확실하게 거짓이다!. 이 책이 옥스포드 대학 출판부에서 나온 책입니다. 지금 신다윈주의 세계관, 신다윈주의 무신론이 양자역학에 걸려서 지금 붕괴직전에 처해 있습니다. 물질보다 더 근원에는 의식과 정보가 있다는 과학적 발견은 신다윈주의의 자연에 대한 세계관의 기둥을 허물고 있습니다.

2016년에 영국 런던의 왕립학회(Royal Society)에서 세계 고생물학자들의 매우 중요한 학회가 개최되었습니다. 이 학술대회에 개회강연을 하신 오스트리아 빈 대학의 아주 유명한 교수님이신 뮐러(Gerd Müller) 교수님께서 개회강연을 하시면서 생명체의 대단히 복잡한 것들의 근원을 신다윈주의 이론으로서는 결단코 설명할 수 없게 되었다고 말씀하시면서 신다윈주의의 막다른 곤경을 언급했습니다. 지금 아마 과학을 가르치는 선생님들도 신다윈주의의 막다른 곤경을 전혀 이해하지 못하고 계실 수 도 있습니다. 이 곤경이라는 말을 처음 들었을지도 모릅니다. 그러나 세계 첨단의 과학자들은 신다윈주의의 막다른 곤경을 이야기하고 있습니다. 어떻게 이 곤경에서부터 빠져나갈 수가 있을까? 그런데 왜 이 유명한 고생물학자께서 신다윈주의의 막다른 곤경을 이야기 하셨는가 하면 이 생명체, 세포를 연구해보니 천문학적인 정보가 있는 것입니다. 진화론에서는 단순하게 진화를 한다고 생각했었는데 그게 거의 불가능한 것이에요. 천문학적인 정보가 있는 것입니다. 뭔가 새로운 생명체가 등장할 때 과거에 없던 천문학적인 정보가 거기에 들어가는데 이 천문학적인 정보가 어디에서 왔는지 신다윈주의 이론으로서는 결단코 설명이 안 된다는 것입니다. 생명체의 복잡성, 곧 복잡한 정보의 문제는 하나님의 창조의 계획이나 생각(Mind)을 제외하고는 설명이 불가능합니다. 그 천문학적인 정보가 어디로부터 왔을까요? 신다윈주의 이론으로 설명이 가능할까요? 지금 신다윈주의자들은 설명할 수 없는 막다른 곤경에서 요동치고 있습니다. 이 문제에 대한 답은 앞으로 자세하게 설명해 드리려고 합니다.

## 3. 양자역학은 신으로 가는 길을 열고 있는가?

오늘의 주제는 '양자역학은 신으로 가는 길을 열고 있는가?'입니다. 최첨단의 물리학이 신으로 가는 길을 열고 있느냐? 상당히 궁금하시죠? 이 우주의 근원이 물질이 아니고 의식과 정보라면 이것이 신으로 가는 길을 여는 것은 아닐까요? 양자역학이 발전하던 초기에 양자역학의 선구자였던 닐스 보어(Niels Bohr)와 당대의 최고의 과학자였던 알버트 아인슈타인(Albert Einstein) 사이에 충돌이 있었습니다. 그 충돌의 핵심은 관찰자에 관한 문제였습니다. 양자역학의 선구자들은 물질적인 세계가 그냥 있는 것이 아니고 관찰자가 있어야 된다는 것이었습니다. 의식을 가진 관찰자가 없이는 물질적인 세계가 존재하지 않는다는 것입니다. 닐스 보어나 양자물리학의 선구자들께서는 물질이 이 우주의 근원이 아니고 의식과 정보가 근원이라는 것을 그때부터 이미 추론하고 알고 있었습니다. 양자물리학의 아버지라고 알려진 막스 플랑크(Max Planck), 이분은 의식이 이 우주의 근원(matrix)이라고 주장했습니다.

우주의 근원이 의식이라는 주장 때문에 큰 논쟁이 일어났습니다. 달에 관한 문제가 논쟁이 되었어요. 그러면 '의식을 갖고 보는 사람이 없으면 달도 없는 것이냐?' 아인슈타인은 정말 화가 났습니다. 달은 저기 하늘에 객관적으로 존재하고 있는 것인데 의식을 갖고 보는 사람이 없으면 달도 없다고 해야 하지 않느냐? 양자역학의 이론에 의하면 그렇게 된다는 말이었습니다. 그러면 지금은 사람이 의식을 가지고 보고 있기 때문에 달이 저기에 있는데 인류가 시작된 지 얼마 되지 않았지 않습니까? 그럼 과거에는 어떻게 저 달이 있었느냐? 그 말이에요. 그럼 그때는 개미가 달을 보고 있었기 때문에 달이 있는 것이냐? 여러분들도 한 번 생각을 해보시기 바랍니다. 왜 달이 저렇게 하늘에 떠 있는 것일까요? 우리는 지금까지 중력 때문에 달이 떠있다고 생각을 하고 있습니다. 그런데 모든 물질과 모든 힘의 배후에는 양자역학에 의하면 의식과 정보가 있다는 것입니다.

아인슈타인이 프린스턴(Princeton)에서 아브라함 파이스 (Abraham Pais)라는 분하고 대화를 한 것이 있습니다. 파이스라는 분은 닐스 보어의 조교로 일했던 분입니다. 닐스 보어는 덴마크 코펜하겐(Copehagen)에 있었습니다. 거기에서 조교로 있었던 분이 아브라함 파이스인데, 아인슈타인이 이렇게 물었습니다. 당신이 보지 않을 때는 정말 저 달이 존재하지 않는다고 당신은 그렇게 믿느냐? 당신이 안 보면, 의식을 가지고 안 보면 저 달이 존재하지 않는다고, 정말 당신이 그렇게 생각하느냐? 그리고 당신 뒤에 있는 닐스 보어와 양자역학의 선구자들 모두가 정말 그렇게 생각하느냐? 나로서는 그게 전혀 이해되지 않는다는 질문이었습니다. 여러분, 달이 저 하늘에 떠 있는데, 왜 저 하늘에 떠 있을까요? 사람이 보고 있었기 때문에 하늘에 떠 있는 것일까요? 의식과 정보가 세상의 모든 존재의 근원이라면, 사람이 보고 있기 때문에 달이 저 하늘에 떠 있다고 얘기해야 되지 않겠습니까? 그런데 사람이 없었을 때는 그럼 어떻게 되는 것입니까? 지금 과학적인 연구를 통해서 사람이 없었을 때도 달이 하늘에 떠 있었던 것은 분명합니다. 그러면 사람이 없었을 때 저 달이 하늘에 있는 이유가 무엇일까요?

우주의 근원이 의식이라는 양자역학의 발견은 우주를 해명하기 위한 대단히 심각한 과학적 질문을 남기게 되었습니다. 의식을 가진 인간이 없었을 때도 우주가 존재하고 있었다면, 우주를 존재하게 만든 의식은 무엇일까요? 오늘날 세계 첨단의 물리학자들이 코스믹 마인드(cosmic mind)를 토론하기 시작했습니다. 우주적 정신. 이 우주에는 우주적 정신이 있는 것이 아니냐? 사람이 의식을 갖고 보고 있었기 때문에 달이 떠 있는 것이 아니라, 이 모든 우주 배후에는 어떤 정신이 있다고 추론하게 되었습니다. 우주적 정신. 오늘날 세계의 첨단의 물리학자들이 우주적 정신(cosmic mind)을 토론하는 것을 보면서 너무나도 놀랐습니다. 세상에! 우주적 정신이라는 표현은 철학과나 신학과에서 토론하는 용어가 아닌가요? 이 용어를 어떻게 과학을 담당하는 물리학자들이 우주의 근원을 탐구하는 결정적 용어로 언급한단 말입니까?

우주적 정신이 이 우주의 근원이라면 그 우주적 정신은 무엇일까요? 아미트 고스와미(Amit Goswami)라는 미국 오레곤 대학의 핵물리학자가 계십니다. 이 분이 『영혼의 물리학』(Physics of the Soul)이라는 책을 출간했어요. 책의 제목이 놀랍습니다. 물리학과 영혼이 붙어버렸어요. '영혼의 물리학', 양자물리학이 영혼이 있다는 것을 지지하고 있다. 이 책의 핵심적인 주장입니다. 오늘의 물질주의적 세계관과 이 세계관에 근거한 과학은 영혼이나 신,

혹은 영적 존재는 절대로 없다는 관점을 갖고 있습니다. 그런데 이 책을 소개하는 글에 "신에 대한 과학적 재발견"(A scientific rediscovery of God)라고 표현했습니다. 과학이 하나님을 재발견하고 있다. 양자역학이 하나님을 재발견하고 있다는 것입니다. 바로 이 책에서 신이 있다는 흔적이 우주에 편만하게 존재하고 있다. 고스와미라는 양자물리학자가 하신 말씀입니다. 물론 토론 중에 있습니다.

신다윈주의 과학을 가지고 있었던 분들은 신이 있다는 것을 받아들이기 너무 어려울 것입니다. 신의 존재를 받아들이는 것은 지금까지 오랫동안 그분들이 해왔던 모든 것들을 붕괴시켜야되는 심각한 문제점이 있을 것입니다. 따라서 쉽게 받아들일 수 있는 것은 아닙니다. 그러나 상당수의 양자물리학자들은 신으로 가는 길을 열고 있는 것입니다. 여러분, 우주적 정신이 무엇일까요? 두 가지 가능성이 있습니다. 하나는 우주적 영(코스믹 마인드)은 하나님의 영일 것이다. 우리 기독교적 입장에서 해석하는 것입니다. 이 하나님의 영에 의해 우주가 지탱되고 있는 것일 것이다라고 해석하는 것입니다. 두 번째는 팬사이키즘(panpsychism) 입장입니다. 팬사이키즘이 무엇인가? 우주의 모든 물질 속에 정신이 들어있다는 관점입니다. 팬사이키즘은 범정신주의로 번역할 수 있습니다. 모든 물질 안에 정신이 들어있는 것이 아니냐? 범정신주의는 원시종교의 형태인 애니미즘(animism)과 유사합니다. 이것이 원시신앙과 유사함에도 불구하고 범정신주의로 흐르는 흐름이 과학계에 상당히 존재하고 있습니다. 어느 길이 맞을까요?

# 4. 범정신주의(Panpsychism)의 오류

오늘의 주제는 '범정신주의(Panpsychism)의 오류' 입니다. 제가 지난 시간까지 『과학시대의 창조론』의 중요한 이야기들을 여러분들에게 말씀드렸습니다. 오늘의 첨단의 물리학자들. 양자역학의 첨단의 학자들께서 코스믹 마인드(cosmic mind), 우주적 정신의 문제를 탐구하기 시작했다는 말씀을 지난 시간에 언급했습니다. 우주적 정신을 탐구한다면, 이 우주에 존재하고 있는 그 정신(mind) 혹은 의식(consciousness)이 과연 무엇일까요? 두 가지 가능성이 있다는 것을 말씀드렸습니다. 첫째는 '하나님의 영' 일 가능성. 둘째는 범정신주의. 이 우주 안에, 모든 물질 속에 정신이 들어있다고 하는 가능성입니다.

양자역학이 발전하면서 모든 입자들 물질들 배후에 의식이 있고 정보가 있다는 것을 알게 되었습니다. 작은 소립자들, 미시세계에 있는 작은 소립자들이 정보에 의해서 반응한다는 것을 알게 되었습니다. 여기에서 자연스럽게 일어나는 어떤 질문이 있습니다. 그러면 그 입자들이 의식을 가지고 있는 것은 아닐까? 정신을 가지고 있는 것은 아닐까? 팬사이키즘(panpsychism)이 등장하게 되는 배경입니다. 사실, 옛날에 원시종교들이 많았는데 그 중에 대표적인 것이 애니미즘입니다. 애니미즘(animism), 모든 세상의 생명체 물질 속에 영혼이 들어있다. 그런 사상입니다. 그런데 어떤 의미에서 그것의 발전된 형태가 오늘의 팬사이키즘인지 몰라요. 또, 철학의 역사를 연구해보면 범신론이라는 것이 있잖아요. 모든 물질 속에 신적인 어떤 것들이 들어있다. 그 흐름 속에서 팬사이키즘이 등장을 했습니다. 그런데 이 팬사이키즘은 오늘의 첨단의 물리학인 양자물리학과 연결되어서, 새로운 형태의 어떤 과학일 수도 있고, 철학일 수도 있고   이 우주를 설명하는 하나의 세계관일 수 있습니다. 이 팬사이키즘을 주장하는 학자들이 상당히 많습니다. 그러면 팬사이키즘, 범정신주의가 정말로 맞는 것일까요?

이 책상 속에 의식이 들어있다? 저 바위 속에도 의식이 들어있다? 우리가 마시는 물도 의식이 있고, 밀가루도 의식이 있고, 태양, 달, 별들도 의식이 있고, 암모니아 가스도 의식이 있다? 여러분 잘 이해가 됩니까? 뭔가 지나치게 간 것 같다는 생각이 안드십니까? 우주적 정신을 이야기할 때, 해와 달과 별과 바위와 가스가 정신이 있다고 하는 것 보다, 하나님의 영이 그 배후에 있는 것이 아닐까? 라고 생각하는 것이 더 자연스럽지 않습니까?

무신론적 양자 물리학자들은 우주 안에 존재하는 영이나 정신적 실재에 대해 하나님과 연결시키는 것이 싫기 때문에, 돌이나 물이나 가스 같은 물질에 영을 부여하는 잘못된 길로 나가는 것으로 보입니다. 그들이 갖고 있는 무신론적 전제가 바른 과학적 판단을 하는데 실패하고 있는 것 같습니다. 우주적 정신이 가정된다면 그것은 하나님의 영이 아닐까? 하는 생각은 상당히 자연스러운 생각이 아닐까요? 여러분, 달이 지구 주위를 돌고 지구가 태양 주위를 돌 때, 그 중력의 뒤에는 하나님의 영이 있다고 생각하면 자연스럽게 이해가 되지 않습니까? 이렇게 규칙적으로 도는 것은 하나님의 능력과 신실성과 관련되어 있는 것일 것입니다. 그런데 이 팬사이키즘은 고등종교의 하나님을 버리고, 원시종교의 애니미즘의 수준 낮은 세계관으로 회귀하고 있는 것 같습니다.

그런데 버클리(Berkeley) 대학교의 세계적인 학자이신 설(John Rogers Searle)이라는 학자가 계십니다. 대단히 유명한 학자이십니다. 그런데 저는 이분이 거의 결정적인 답을 하셨다고 생각합니다. 이분의 견해에 의하면, 의식은 고등생물의 특징이지, 물이나 돌이나 암모니아 같은 것에 적용하는 것은 매우 어렵다는 것입니다. 이것이 오늘의 정통과학의 표준적 답이라고 볼 수 있습니다. 의식은 고등생물의 특징이지, 암모니아에게 의식이 있다, 돌에 의식이 있다, 이렇게 나가는 것은 상당히 지나친 해석일 것입니다.

네덜란드의 학자인 카스트럽(Bernardo Kastrup)이라는 분이 있습니다. 이분이 범정신주의를 비판하면서, 스마트폰에서 사람의 얼굴을 보았다고 해서 스마트폰과 사람을 일치시켜서는 안 된다고 강조했습니다. 오늘날은 스마트폰의 시대입니다. 카스트럽의 스마트폰에 관한 비유는 모든 사람이 쉽게 이해할 수 있는 좋은 비유입니다. 스마트폰에 사람이 등장하고 또 말했다고 해서 스마트폰이 어떤 의식을 가지고 있다고 언급하면 너무 이상할 것입니다. 스마트폰에 나오는 사람을 스마트폰 자체가 가지고 있는 어떤 정신현상과 연결시킨다는 것은 상당히 무리가 있지 않습니까? 우리가 영화를 많이 보지 않습니까? 스크린을 보면 거기에 사람들이 등장하잖아요. 주인공이 등장하고 아름다운 사랑의 이야기가 만들어지고 여러가지 인생의 수많은 이야기들이 등장하는데, 그러면 그 스크린이 어떤 의식을 가지고 있어서 그와 같은 것들을 만들어 내는 것입니까? 진짜 의식을 갖고 있는 존재는 따로 있지 않습니까?

스마트폰이나 스크린의 진실은, 진짜 의식을 갖고 있는 바로 그분의 의식과 정보에 반응하도록 물질인 스마트폰과 스크린이 그렇게 조종되어 있다는 것입니다. 우주의 근원인 의식과 정보에 의해서 물질이 반응한다고 했을 때 그것은 그렇게 반응하도록 하나님께서 만드셨기 때문에 그런 것이지, 물질이 의식을 갖고 있다고 하는 것은 지나친 해석이기도 하고 과학적이지 않는 해석일 것입니다.

설이라는 분께서 유명한 비유를 하나 이야기했습니다. 중국사람의 방(Chinese Room)이라는 비유입니다. 서양사람이 중국사람의 방에 들어가면 아무것도 읽을 수가 없습니다. 많은 책들이 있어도, 많은 글자들이 있어도 그게 전부 뭔지 하나도 알 수가 없습니다. 그런데 거기에 간단한 안내 소책자(manuel)가 하나 있으면, 영어로 적힌 것이 하나 있으면, 그것을 보고 서양사람들은 살 수가 있습니다. 안내 소책자가 가르치는대로 하면 됩니다. 배가 고프면 1번을 눌러라, 옷을 세탁해야 하면 2번을 눌러라, 방을 어떻게 해야 할 때는 3번을 눌러라, 그렇게 메뉴얼이 있으면 메뉴얼대로 반응을 하면 됩니다. 물질세계에 일어나고 있는 일들은 그런 차원에서 이해해야 한다는 것입니다. 이 설의 주장은 카스트럽의 주장과 유사한 관점입니다.

울프(Fred Alan Wolf)라는 양자 물리학자는 『영적인 우주』(The Spiritual Universe)라는 책을 저술했습니다. 이 책은 모든 것이 물질로만 구성되어 있다는 물질주의적 과학자들에게 경종이 되는 좋은 책입니다. 양자 물리학이 발견한 우주 안에 존재하는 영적인 차원이 잘 논증되고 있기 때문입니다. 그런데 이 책의 약점은 범정신주의적 경향이 강하게 나타나고 있는 데 있습니다. 여러분, 우주적 정신을 정말 범정신주의자(panpsychist)들이 말하듯이 우주의 모든 곳에 정신이 있다, 이 우주가 영적이다, 그렇게 말하는 것이 옳겠습니까?

이 우주에는 하나님의 영이 깊이 존재하고 있습니다. 영적인 우주라는 울프의 주장은 맞는 말입니다. 그러나 우주가 영적인 것은 물질인 우주 자체가 영적인 것이 아니고, 우주의 모든 존재 안에 하나님의 영이 침투해 있고, 이 하나님의 영에 의해 반응하고 있고, 이 하나님의 영에 의해 지탱되고 있기 때문입니다. 몰트만(J. Moltmann)에 의하면 하나님은 초월적인 존재인 동시에 우주 안에 내재하고 계신 분입니다. "그가 만물보다 먼저 계시고, 만물이 그 안에 함께 섰느니라" (골1:17). 우주 안에는 하나님의 영이 내재하고 있습니다. 이 하나님의 영의 존재 때문에 우주는 영적인 차원을 깊게 간직하고 있습니다.

## 5. 세상은 물질이 바꾸는가, 정신이 바꾸는가?

오늘은 세계 정신사에서 가장 중요한 주제였던, 세상을 바꾸는 것이 물질일까 정신일까? 의 문제를 다루도록 하겠습니다. 신다윈주의의 발전으로 세상을 바꾸는 동력은 물질에서 발생하는 것이기 때문에 물질이 세상을 바꾼다는 유물론이, 이 중요한 주제에 대한 사실상의 승자로 귀결되는 과정이 그동안의 과학계의 분위기였고, 철학계 역시 이 과학적 증거에 기초해서 유물론적 물질주의 철학으로 급격히 기울어졌습니다. 그런데 양자역학의 발전으로 어쩌면 우리의 정신이 세상을 바꾸는 기능을 할지 모른다는 가능성을 많은 사람들이 생각하게 되었습니다.

젊은 남녀들이 사랑을 할 때 '콩깍지가 씌었다' 라는 말을 많이 하잖아요. 우리가 볼 때는 별로 이쁘지도 않은 데 그 이쁘지도 않은 여자한테 홀딱 빠져서 정신을 못차리는 것입니다. 세상에서 제일 이쁘다고 생각하고 어떻게 보면 정말 이런 바보도 없는데 거기에 빠져서 정신을 못 차리는 그런 남자가 상당히 있습니다. 총각들만 있는 것이 아닙니다, 처녀도 있지요. 정말 별 볼 일 없는 남잔데 그 남자가 세상에서 제일 멋있고, 그리고 그 남자가 없으면 무슨 약을 먹고 죽겠다고, 자살을 하겠다, 울고불고, 납득이 잘 안 되잖아요. 왜 저렇게 객관성이 없을까? 완전히 지독하게 콩깍지가 씌었구나. 우리가 이렇게 생각하고 말을 많이 하는데 그 콩깍지의 진실이 양자역학적으로 설명이 됩니다.

유명한 책이 여기 있습니다. 이 유명한 책은 슈워츠(Jeffrey M. Schwartz)라는 사람이 쓰신 『정신과 뇌』(The Mind and The Brain)라는 책입니다. 정신과 뇌에 대한 책인데, 이 안에는 '양자 뇌'의 가능성까지 언급되는 대단히 중요한 내용들이 들어있습니다. 슈워츠라는 분은 학자이기도 하지만 의사입니다. 특별히 강박 의식이라든지 부정적 사고라든지, 뇌로 말미암아 일어나는 여러가지 문제들과 질환들을 치료하는 과정에서, 그러니까 이 책은 대단히 실천적 현장에서 나온 책입니다. 현장에서 실천적으로 환자들을 치료하면서 밝혀낸, 그러니까 추상적으로 생각해서 만든 이론이라기 보다는 현장에서 수많은 정신질환을 앓고 있는 사람들을 치료하면서 알게 된 내용을 적어놓은 것인데, 핵심은 사람의 생각과 의식이 뇌를 바꾼다는 것입니다. 사람의 생각과 의식이 뇌를 바꾼다. 긍정적인 생각을 하면, 희망을 갖고 살게 되면, 뇌 구조 자체가 바뀐다는 것입니다. 이것은 지금까지의 신다윈주의자들이 이야기했던 것과는 정반대의 이야기를 하는 책입니다.

신다윈주의자들의 이론에 의하면 의식이란 처음부터 존재하는 것이 아닙니다. 보이지 않는 의식이 있는 것이 아니고, 물질적 반응에 의해 우리가 의식이라고 착각하는 것이 생겨납니다. 우리의 정신과 우리의 희망, 믿음, 이런 모든 것들은 뇌 안의 전기적 반응에 의해서 생겨난 것일 뿐입니다. 이것이 신다윈주의자들의 기본적인 이론입니다. 그런데 그게 아니고, 우리의 생각, 우리의 의식, 우리가 희망을 갖게 되든지, 사랑을 느낀다든지 하면, 물질적인 뇌 자체가 다 바뀐다는 것입니다. 정신이 먼저이고 물질이 정신에 반응을 한다는 것입니다. 이분이 실제로 실험을 해봤어요. 실험을 해봤더니 뇌에 회로가 새로 생겨나는 것입니다. 뇌에 회로가 생겨나는 놀라운 일이 일어난 것입니다.

슈워츠에 의하면, 뇌에 새로운 회로가 생겨나면, 그 다음부터는 사람들이 그 방식으로 사고를 한다는 것입니다. 아까 이야기했던 콩깍지 이야기. 그 오빠가 좋아서 그 오빠를 자꾸 생각하고, 또 생각하고 또 생각하면 어떻게 되느냐 하면, 뇌에 회로가 생기게 되는 거예요. 그러니까 이 아가씨는 생각을 그렇게밖에 할 수 없어요. 왜 그러냐 하면 뇌가 이미 그렇게 바뀌었어요. 이미 바뀌어서 콩깍지 방식으로 모든 생각을 그렇게 하는 것입니다. 의식이, 어떤 정보가, 사랑이 물질에 영향을 미쳐서 뇌에도 어떤 변화가 실제 일어난 것입니다.

2020년 노벨물리학상을 받으신 로저 펜로즈(Roger Penrose)라는 학자께서 양자뇌에 대한 가능성을 강력하게 주장했습니다. 양자 뇌. 뇌가 의식과 정보를 만드는 것이 아니고, 어떤 의식과 정보에 의해서 뇌가 그 정보에 반응하고 그 정보를 입력하고 간직한다는 것입니다. 그리고 사람이 죽으면, 이 펜로즈의 가설에 의하면, 우리 속에 있는 많은 정보들이 미세소관을 통해서 우주로 방출된다는 것입니다. 물론 정보가 우주로 방출된다는 것은 하나의 가설입니다. 그런데 이분의 주장을 가만히 살펴보면, 사람이 죽으면 인간의 영혼, 많은 정보를 가지고 있는 '나'라는 자아가 빠져 나가는 것 같은 느낌을 주는데, 이는 전통적인 기독교 이원론인 사람이 죽으면 영혼이 빠져나간다는 것과 뭔가 닮은 느낌을 줍니다. 물론 똑같지는 않습니다. 이분은 영혼을 이야기하신 것은 아니니까요.

우리는 DNA가 모든 것을 결정한다고 생각합니다. 그동안 신다윈주의 과학이 발전하고, 신다윈주의 생물학이 발전하면서 DNA 결정론이 전체를 다 휩쓸었어요. 그래서 DNA만 연구하면 30년 뒤에 내가 어떻게 될지를 알아낼 수 있다. 그러니까 물질주의적인 신다윈주의적인 세계관이 굉장히 영향을 미친 것입니다. DNA를 자세히 살펴보면 운명적으로 되는 것이죠. 물질 안에, DNA 속에 다 들어있어서, 30년 뒤에는 뭐가 발현되고 뭐가 어떻게 되고 뭐가 어떻게 되고, 거의 DNA 운명론이었습니다. 우리가 그동안 신다윈주의의 이런 물질주의적인 세계관에 너무나 깊이 사로잡혀 있었습니다. 그런데 이것과 반대되는 대단히 중요한 생물학적인 책이 이미 등장을 했습니다. 이 책의 이름은 브루스 립턴(Bruce Lipton)이 저술한 『신념의 생물학』(*The Biology of Belief*)입니다.

이 생물학은 지금까지의 물질주의적 생물학의 근원을 뒤집는 특징이 있는 새로운 생물학입니다. 그래서 일명 신생물학이라고 부르기도 합니다. 이 책은 이미 35개국에서 출판되었어요. 그러니까 미국뿐만 아니라 전 세계 35개 나라에서 이 책이 출판되어 전 세계에 알려지고 있는 책입니다. 핵심이 뭐냐 하면, 우리의 의식, 우리의 생각, 우리가 갖고 있는 어떤 정보가 세포를 바꾼다는 것입니다. 세포를 바꾼다. 그러니까 DNA 운명론을 반대하고 있는 책입니다. 우리가 어떤 생각을 갖고 있느냐에 따라서 세포까지 다 변화를 일으킨다. 그 근거는 역시 의식이나 정보에 의해 물질의 변화가 있다는 양자역학입니다. 양자역학이 생물학에까지 영향을 미치면서 양자생물학이 등장했다고 볼 수 있습니다.

지금까지 우리는 물질주의적으로 운명론적으로 사고하고 있었던 과거의 신다원주의적인 사고의 오류를 알게 되었습니다. 그러면 우리가 생각만 바꾸면 정말 모든 것이 달라질까요? 너무 과장하고 있는 것은 아닐까요? 생각만 다르게 하면 병도 안 생기고, 암에 걸렸던 사람도, 내가 긍정적인 생각만 하면 암세포가 다 파괴가되고, 내가 건강한 사람이 될 수 있다. 생각에 의해서 세포도 바뀌고, 생각에 의해서 뇌의 회로도 바뀌고, 생각에 의해서 모든 것이바뀐다. 그런데 그 가능성이 있는 것으로 보입니다. 그런데 정말 우리가 생각만 바꾸면 모든 것이 다 바뀔까요? 최근에 양자물리학이 생물학까지 영향을 미치면서 이 가능성을 여는 책들, 이 가능성을 여는 논문들, 또 이 가능성을 여는 학자들이 자꾸 늘어납니다. 그런데 우리가 긍정적인 생각을 했다고 해서 모든 것이 다 바뀔 것이다. 그렇게는 생각하지 않습니다.

정말 바뀌는 것은 하나님의 영과 관련되어 있을 것입니다. 우리가 가지고 있는 어떤 생각에 의해서 변화가 일어난다고 생각합니다. 그러나 그것은 부분적인 어떤 변화일 가능성이 많습니다. 진짜 본격적인 변화는 하나님의 영에 의해서 일어날 것입니다. 저 하늘에 달이 있고, 별들이 움직이는 것은 전부 다 그 뒤에 존재하는 하나님의 영, 그리고 하나님의 영으로부터 오는 그 힘, 에너지, 정보때문일 것입니다. 그것이 우주를 지탱하는 근원적인 힘입니다. 우리의 삶 속에서 일어나는 변화의 근원도 하나님의 영일 것입니다. 성경은 기도가 기적을 일으킨다고 언급하고 있습니다. 기도가 기적을 일으킬 때, 그것은 나의 힘이 아닙니다. 하나님의 영의 힘입니다. 우리가 믿는 것도 내 능력을 믿는 것이 아닙니다. 내가 적극적인 생각을 했다고 해서 모든 것이 다 바뀐다. 그것이 아닙니다. 양자역학을 최면술이나 사이비성이 있는 정신활동과 연결시키면 안 됩니다. 진정한 변화는 하나님의 영의 활동과 관련이 있고, 이 하나님의 역사. 하나님의 영의 활동에 의해 물질 세계에 변화와 기적이 일어나는 것입니다.

　무엇이 세상을 바꿀까요? 하나님께서 세상을 바꾸실 것입니다. 그리고 하나님께서 세상을 바꾸시는 것을 읽어낼 수 있는, 과학적으로 읽어낼 수 있는 어떤 근거가 양자역학을 통해서, 완벽하게 드러났다는 것은 아니지만, 상당 부분까지 추론할 수 있는 근거가 발견되었다는 것입니다. 하나님이 세상을 바꾸시고, 믿음과 희망과 사랑을 품고 있는 인간도 세상을 바꿀 수 있습니다. 세상의 모든 것은 물질만 가지고는 설명될 수 없습니다.

# Ⅲ. 사람에게 영혼이 있음을 밝히는
## 과학적 실험과 성경적 근거들


### 1. 자유의지도 영혼도 없다는
### 진화론자들의 주장이 사실일까?


오늘의 주제는 '인간에게 자유의지도 영혼도 없다는 진화론자들의 주장이 사실일까?' 입니다. 진화론자들. 진화론에 기초를 해서 과학을 하시는 분들 중에서 최근에 와서 인간에게 자유의지가 없다고 주장하는 분들이 많습니다. 인간에게는 자유의지, 결단할 수 있는 그런 자아, 그런 주체가 없다는 것입니다. 인간의 자아라든지 의식이라든지 자유의지 이런 것들은 전부 환상이다. 영어로는 일루전(Illusion)이라고 많은 무신론적 과학자들이 언급합니다. 물론 영혼도 없습니다. 영혼이라는 것은 종교가 만든 환상일 뿐이다. 우리 기독교인의 입장에서 볼 때는 상당히 심각한 주장들이 진화론적인 과학을 하시는 분들에 의해서 제기되고 있습니다.

진화생물학자 가운데 최근에 굉장히 인기를 얻고 계신 샘 해리스(Sam Harris)라는 분이 계십니다. 신경과학자이기도 하고 또 철학자이기도 합니다. 요즘은 진화생물학자들이 철학자가 되고, 진화물리학자들이 철학자가 되고 세계관까지 한 번에 다 이야기하시기 때문에 상당히 쉽지 않은 시대에 지금 들어왔어요. 샘 해리스라는 분이 쓰신 책 『웨이킹 업』(*Waking Up*)이라는 책이 유명합니다. 우리말로 번역되어 있는데, 『나는 착각일 뿐이다』로 번역되

어 있습니다. '내가 있다는 것' 그게 착각이라는 것입니다. 뇌가 일
으키는. 뇌 안에 전기반응이 일어나는데 뇌의 전기반응을 통해서
뇌가 착각하고 있는 것뿐이다. 그 말이에요. '내가 있다는 것'을
내가 스스로 생각하는데, 그것은 착각이라는 것입니다. 착각. 있는
것은 전기 반응뿐입니다. 그러면 나라는 자아(ego)는 정말 없는 것
일까요?

　다니엘 데닛(Daniel Dennett)이라는 무신론자가 계십니다.
아주 유명한 분이십니다. 데닛은 의식은 뇌세포 간의 전기 작용에
의해 생기는 착각일 뿐이다고 주장합니다. '내가 있다는 것', '나
의 의식', '내가 자유의지를 갖고 무언가를 한다', 이런 것들은 전
부 다 환상(Illusion)이다, 착각이라는 것입니다. 지금 진화생물학
이, 진화론에 기초한 신경과학이 여기까지 왔습니다. 그런데, 여러
분 만약에 사람에게 자유의지가 없다는 것이 사실이라면 어떻게
될까요? 지금 진화론에 기초를 두고 과학을 하시는 분들께서 자유
의지가 없다고 매우 많은 분들이 이야기하기 시작했어요.

　그러면 만약에 그게 사실이라면, 사람에게 자유의지가 없다
면, 우선 먼저 떠오르는 근원적인 문제가 있습니다. 죄! 죄를 이야
기할 수 있을까요? 사람에게 자유의지가 없는데 죄인이다. 너는 죄
인이다. 이게 가능할까요? 사실 진화생물학적인 사고구조의 일부
가 이미 우리 사회 속에 적용되고 있습니다. 정신병자들이 사람을
죽였을 때 그 사람이 정신병 환자라는 것이 확인되면, 사람을 사형
시키지 않잖아요. 뭔가 그 사람에 대해서 다른 판결을 하지 않습니
까?. 이것은 정신병이라는 극단적인 상황에 해당됩니다. 정신병 환
자의 경우에는 자유의지의 기능이 매우 약하든지 거의 정상적으로
작동하고 있지 못하다고 생각하기 때문입니다.

그런데 정상적인 사람의 경우에는 어떻게 보아야 할까요? 그 냥 보통의 경우에도, 우리가 어떤 결정을 할 때, 나는 자유의지가 있다고 생각하는데, 실제로는 없다는 것입니다. 뇌 안에 이미 그렇게 결정할 수밖에 없도록, 뇌 안의 전기작용에 의해서 이미 그런 방향으로 가고 있다는 것입니다. 그런데, 이것이 과학적인 실험에 의해 입증이 됐다는 것입니다. 우리가 자유의지가 없다는 것이 과학적 실험에 의해서 입증되었다. 심각하지 않습니까? 세상 과학 속에는 이런 상황들이 지금 전개되고 있는데 교회 안에 계시는 분들은 뭐가 지금 일어나고 있는지도 전혀 모르고 그냥 우리끼리 앉아서 그냥 좋아라하고 있습니다. 그런데, 실제는 지금, 공적인 학문의 세계. 공적인 세계 속에는 지금 이와 같은 심각한 문제가 발생하고 있습니다. 만약에 자유의지도 없고, 죄의 문제도 근본적으로 다시 생각해야 된다면, 기독교 교리의 핵심을 차지하고 있는 속죄론의 문제가 심각해집니다. 예수님께서 세상에 오신 가장 중요한 이유. 우리의 죄를 속하기 위해서 오셨는데, 대속의 죽음이잖아요. 대속의 죽음이 근거가 없어져 버려요. 사람은 근원적으로 자유의지가 없었는데, 무슨 사람을 죄인 어쩌고, 저쩌고 한단 말입니까? 이것은 종교인들이 옛날의 사고로, 그냥 이야기한 것뿐이지. 속죄론은 오늘의 과학의 시대에는 이야기할 수 없는 옛날의 신화인 것입니다.

　　속죄론뿐만 아니라 성경 자체가 거의 폐기되어야 할 상황을 맞이하게 됩니다. 우리 기독교 신학자들 가운데, 목사님들 가운데, 또 성도님들 가운데, 공부를 많이 하신 분들이 하시는 말씀이 있어요. '과학은 과학으로 그냥 받아들이자.' '과학에 대해서 가타부타 이야기하면 안 된다.' 그러면 여러분, 받아들이면, 그 다음에는 어떻게 되는 것입니까? 받아들일 수 있어요? 한 번 생각해 보세요.

지금 상황은 간단한 상황이 아닙니다. 그러면 자유의지가 없다. 정말 그런가요? 그러하다는 것입니다.

　아주 유명한 실험이 있습니다. 캘리포니아 대학교(Unniversity of California)의 벤자민 리벳(Benjamin Libet)교수 팀에서 행한 실험입니다. 이 실험은 하나의 표준적인 실험으로, 지금도 계속 인용이 되고 있는, '사람에게 자유의지가 없다, 자유가 없다', 라는 것을 입증하는 표준적인 실험으로, 지금도 계속 인용 되고 있는 실험입니다. 이 실험은 손가락을 올리는 실험입니다. 손가락을 이렇게 올리는 실험인데, 우리는 내가 의지적으로 손가락을 올리겠다고 결정을 하고 손가락을 이렇게 올린다고 생각을 하잖아요. 그러니까, 의지. 의지를 영어로 윌(Will)이라고 그러잖아요. 의지가 있으면 그 다음에 뇌에서 반응이 일어나겠죠. 내가 어떤 생각을 했으니까 뇌에 어떤 전기반응이 일어날 것이라고 생각합니다. 손가락을 올리기 위한 준비 상태, 이것을 레디니스 포텐셜(Readiness Potential)이라 합니다. 이 용어들도 여러분들이 알고 계시면 좋습니다. 그래서 이것을 약어로 RP라고 그래요. 뇌 안에 어떤 준비 작용. 그리고 손가락을 올리는 행동, 이것을 무브먼트(Movement) 약어로 M을 씁니다. 그래서 윌(Will), W. 그 다음 레디니스 포텐셜(Readiness Potential), RP. 그리고 무브먼트(Movement)가 일어난다. 우리는 그렇게 생각합니다.

　그러나 과학적 실험은 그러하지 않다는 것입니다. 실제로 뇌의 뇌파를 조사해 보니까 아니라는 것입니다. 레디니스 포텐셜이 먼저 있더라는 것입니다. 윌(Will), 결단에 앞서서, 0.3초 앞서서 레디니스 포텐셜이 전기 작용으로 뇌 안에 이미 먼저 있고, 그 다음에 의지(Will)가 생겨나더라는 것입니다. 즉, 레디니스 포텐셜의 자연스러운 결과로, 그러니까 자기가 결단을 한다고 생각했는데, 실제로는 레디니스 포텐셜이 먼저 있고, 여기에서 이미 결정이 되어있는 것을 의지(Will)가 받아들이고 그것을 수행하고 있는, 그래서, 그 다음에 무브먼트(Movement)가 일어난다는 것입니다. 그러니까 우리가 속고 있는 것뿐이지, 내가 자유의지를 갖고 뭔가를 하고 있다고 자기가 스스로 속고 있는 것뿐이지, 과학적인 실험에 의하면, 레디니스 포텐셜(RP)이 먼저라는 것입니다. 그러므로 자유의지가 없다는 것입니다.

TV를 볼 때도 마찬가지입니다. 내가 TV를 봐야겠다고 생각해서, 결단을 하고, 내 윌(W)이 먼저고, 그 다음에 레디니스 포텐셜(RP)이 일어나고, 그 다음에 스위치를 켜는 무브먼트(M)가 일어나는, 그러니까 윌(W) – 레디니스 포텐셜(RP) – 무브먼트(M) 이런 순서로 갈 것으로 우리는 생각하는데, 조사를 해보면, 레디니스 포텐셜(RP)이 먼저 일어나고, 그 다음에 윌(W)이 일어나고 그 다음에 무브먼트(M)가 일어난다는 것입니다. 현재 과학이 하신 말씀입니다.

사람에게 자유의지가 없다. 일루젼(Illusion)이다. 환상이다. 그렇기 때문에, 교육이라든지 법체계라든지 종교라든지, 모든 것을 근원적으로 틀을 새로 만들어야 된다는 것이 이 분들의 주장입니다. 여러분, 어떻습니까? 정말 자유의지가 없는 것 같습니까? 그런데 우리는 있는 것 같잖아요. 아무래도 나한테 자유의지가 있는 것 같은데, 내가 자유의지로 무언가를 하는 것 같은데, 그런데 아니라는 것입니다. 아니다. 저도 이 문제 때문에 참 많이 생각했습니다. 실험에 의해서, 과학적으로 밝혀졌다면, 이것은 신학자로서 간단한 문제가 아닙니다. 성경이 이야기하고 기독교 교리가 이야기하는 엄청난 신학적 체계가 와르르 무너진다는 것을 한순간에 느끼겠더라고요. 이건, 뭐 왕창 다 무너지는 것이구나! 그런 심각한 생각이 들었습니다. 어떻게 해야 할까요? 여러분, 이 유명한 실험에서 이렇게 자유의지가 없다고 판명이 났는데, 어떻게 해야 할까요? 신학이나 기독교 교리의 근원이 무너지기 직전까지 와 있습니다. 이 문제에 대한 답은 다음 항목에서 자세히 말씀드리도록 하겠습니다.

## 2. 자유의지도 영혼도 없다는 진화론적 과학에 대한 반박

지난 시간에 진화론적 생물학자들과 진화론적 과학자들이 인간에게 의지가 없다. '자유의지가 없다' 라는 주장을 하고 있다는 것을 여러분들에게 설명해 드렸습니다. 그리고 유명한 실험, 벤자민 리벳(Benjamin Libet) 교수의 그 유명한 실험. 손가락을 올리는 실험. 내 의지로 손가락을 올린다고 생각했는데 실제로 뇌를 연구해보니 내 의지가 결단하기 0.3초 전에 이미 뇌에서 레디니스 포텐셜(Readiness Potential), 손가락을 올리기 위한 모든 작업이 만들어져 있다는 것입니다. 그러니까 내 의지는 실질적으로 이 작업의 자연스러운 결과이고, 내 의지가 결단하고 난 뒤에, 0.2초 뒤에 손가락을 올리는 무브먼트(Movement), 실행이 있었다. '과학적으로 실험적으로 사람에게 자유의지가 없다는 것이 입증되었다' 라는 것을 여러분들에게 말씀드렸습니다.

인간에게 정말 자유의지가 없다면 죄를 논하는 것도 어려워지고 예수님께서 오신 이유도 이제는 근원에서부터 흔들리게 됩니다. 예수님께서 우리의 죄를 해결하기 위해서 십자가에서 돌아가셨잖아요. 그런데 인간에게 자유의지가 없고, 죄를 이야기할 수 있는 과학적인 근거가 없다면 도대체 어떻게 되는 것입니까? 이 문제에 대해서 이제 여러분들에게 답을 말씀드리도록 하겠습니다. 오늘은 중요한 것 하나를 이야기하려고 해요. 정말 지난 시간에 언급한 실험이 옳을까? 그러니까 뇌에서 전기작용이 일어나서 그 결과로 우리의 의지가 어떤 행위를 하게 된다는 그 실험이 정말 옳은 실험인가를 깊이 다루어보도록 하겠습니다.

뇌에서 일어나는 전기 작용은 일반적으로 우리가 의식적으로 통제할 수 없이 무작위로(random)으로 일어납니다. 뭔가 이렇게 무작위적으로 일어나는 것이지 않습니까? 그런데 우리가 예를 들어서 생각해 보십시다. 박경리 소설가가 참 훌륭하신 분이었는데, 『토지』라는 대하소설을 쓰셨잖아요. 생각해 보십시다. 만약에 머릿속의 전기 작용의 무작위(random)로 일어나는 그것에 의해서 우리가 무언가를 하게 된다면, 그 어마어마한 대하소설이 그렇게 질서정연하게 전개될 수가 있을까요? 베토벤(Ludwig van Beethoven)의 교향곡도 생각해 보세요! 우리가 뭔가 하는 것이 의지보다 먼저, 뇌 속의 전기 반응이 무작위로 일어나서, 그것에 따라서 일어난다면, 여러분, 베토벤의 교향곡이 등장한 것은 정말 이해할 수 없는 사건입니다. 지그재그로 제멋대로 되어야 하는데 이렇게 대단한, 이렇게 질서정연한 것이 나올 수가 있겠습니까? 그 어마어마한 소설과 그 어마어마한 교향곡이 어떻게 가능할까요? 자유의지가 없다고 하는 과학자들을 향한 첫 번째 질문입니다.

그게 정말 가능하겠습니까? 그 다음에 더 중요한 것이 있습니다. 과학적으로 자유의지가 없다고 하는 까닭으로 과학적으로 접근하는 것입니다. 인간에게 자유의지가 없다고 하시는 분들께서 리벳 교수의 실험. 아까 이야기한 것까지 주로 이야기를 많이 하시는데 그 실험에 뭔가 중요한 것이 있습니다. 이 중요한 것을 자유의지가 없다고 주장하는 과학자들은 잘 이야기하지 않습니다. 아주 중요한 것이 있어요. 이 레디니스 포텐셜. 준비단계에서 윌(Will)로 넘어가잖아요. 그런데 준비단계에서 윌(Will)로 넘어가는데 이 윌(Will)이, 곧 인간의 의지가 스톱(stop)시킬 수 있는, 거부할 수 있는 능력이 있더라는 것입니다. 이것이 아주 중요합니다! 리벳 교수가 밝힌 것입니다. 이것이 너무나도 중요한데 신다윈주의적 진화론자들이 이것의 가치를 격하시키던지 얘기를 안 하든지 합니다. 레디니스 포텐셜(RP)에서 만들어진 것을 그 다음 단계로 가지 않도록 인간의 의지(Will)가 스톱(stop)을 시킬 수 있다는 것입니다.

이 실험의 내용을 쉽게 이해하기 위해 예를 들어 설명하면, 밥을 먹는 것을 생각해 보면, 때가 되면 위장에서부터 여기저기서 밥을 먹어야 하니까 뇌로 올라올 것 아닙니까? 그러면 뇌 안에서 전기 작용이 일어나면서 밥을 먹어야 한다고, 레디니스 포텐셜(RP)이 만들어질 것 아닙니까? 그러면 내가 '밥을 먹으러 가자!' 그러니까 레디니스 포텐셜에 의해서 윌(Will)이 발생하는 것입니다. 그래서 식당에 가서 밥을 먹잖아요. 보통 그런 것입니다. 인간에게 자유의지가 없다는 진화론적 과학자들이 이 현상을 과학적으로, 실험적으로 관찰하고, 인간에게 자유의지가 없다는 결론을 내린 것입니다. 그리고 그것이 과학이고 실험적으로 입증되었다고 주장한 것입니다. 너무나 기막히고, 심각한 오류이고, 해서는 안 되는 주장을 한 것입니다. 이 주장을 받아들이면 여성을 강간한 강간범도 죄를 물어서는 안 되는 심각한 문제가 발생합니다. 몸에서 일어난 성적 충동에 의해, 레디니스 포텐셜이 만들어졌기 때문에 강간을 한 것에 불과하기 때문입니다.

그런데 의지(Will)가 중단시킬 수 있다는 것은 무엇을 말하는 것입니까? 그날따라 다른 일이 있어서 밥을 먹을 수가 없는 것입니다. 윌(Will)이 스톱(Stop)을 시켜야 되는 상황인 것입니다. 그런데 리벳 교수에 의하면 스톱시킬 수 있다는 것입니다. 강간범도 자신의 의지로 강간하지 않을 수 있는 것입니다. 스톱을 시키는 것은 '나' 라는 자아가 있기 때문에 스톱을 시키는 것입니다. 흘러가는 과정(process)에서 그 과정에 속해 있지 않은 다른 무언가가 있는 것입니다. 그것이 등장해서 스톱을 시키는 것입니다. 스톱을 시킬 수 있다. 윌(Will)이 스톱을 시킬 수 있다. 리벳 교수가 언급한 이것이 굉장히 중요합니다. 이것은 인간에게 자아가 있고 자유의지가 있고, 영혼이 있다는 것을 드러내는 아주 중요한 과학적 언급인데, 신다윈주의 과학자들이 이를 생략하는 것은 오류일 뿐만 아니라, 더 나아가서는 속임수가 그 속에 있다고 생각합니다.

제가 슈워츠(Jeffrey M. Schwartz)의 유명한 책『정신과 뇌』 (The mind and the brain)를 이미 소개를 했습니다. 의지를 갖고 무언가를 하게 되면, 뇌에 새로운 회로까지 만들어진다는 내용이 자세하게 언급된 책입니다. 리벳 교수가 언급한 실험이나 슈워츠의 발견은 모두 인간에게는 자아가 있고 자유의지가 있고, 어쩌면 영혼도 있을 수 있다고 해석할 수 있는 여지를 주는 과학적 진실들입니다. 오늘은 여기까지 말씀드리겠습니다. 의지(Will)가 스톱할 수 있다는 것은 대단히 중요한 과학적 실험인데, 인간에게 정말 자아가 있고 자유의지가 있고, 영혼이 있다는 것을 입증하는 대단히 중요한 뇌과학적인 실험은 다음에 말씀드리도록 하겠습니다.

## 3. 영혼을 발견한 펜필드(W. Penfield)의 뇌과학 실험

오늘의 주제는 '자아나 영혼과 같은 보이지 않는 어떤 것이 있다는 뇌과학적 실험'입니다. 자아가 있느냐? 영혼이 있느냐? 과학적으로 영혼이 있다는 것을 이야기할 수 있을까? 완전하게 증명은 쉽지 않더라도 있을 것 같다, 있다고 이야기하는 것이 굉장히 개연성이 있어 보인다. 이렇게 이야기 할 가능성이 있을까요? 아마 많은 분들은 영혼을 과학적으로 설명하는 것은 불가능할 것이다. 이런 대전제를 먼저 가지고 계실 것입니다. 펜필드(Wilder PenField)라는 캐나다의 대단히 유명한 뇌과학자가 계셨습니다. 지금은 세상을 떠나셨어요. 이분은 캐나다 과학원 명예의 전당에 이름이 올라가있는 대단한 학자이십니다. 이분의 『정신의 신비』(*Mystery of the Mind*)라는 책이 있습니다. 굉장히 중요한 책입니다.

제가 지금부터 이 책 속에 들어있는 내용들을, 일단 요약해서 여러분들에게 먼저 말씀을 드리겠습니다. 펜필드께서는 뇌과학, 뇌를 분석하고 뇌를 연구하는데 아주 탁월한 업적을 남기신 분입니다. 이제는 뇌를 하도 많이 연구해서 뇌의 어느 부분이 무슨 부분을 담당하고, 어느 부분이 무슨 기능을 담당하고, 뇌가 거의 해부가 되었답니다. 뇌에서 일어나는 여러 가지 일들을 굉장히 많이 알게 된 것입니다. 그래서 전기반응을 일으키면서 사람의 행동을 추적할 수 있게 되었는데, 펜필드께서 실험을 한 것입니다.

실험했는데, 먼저 어떤 실험을 하셨느냐 하면, 손을 올리는 실험을 했습니다. 손을 올리는 실험. 뇌에다가 전기자극을 줘서 손을 올리게 하는 실험입니다. 뇌의 손을 올리는 부분과 연결되는 곳에 전기자극을 주었더니 손을 올리는 것입니다. 자연스럽게 올리는 것입니다. 또 내리고, 또 전기자극을 주니까 또 올리고, 또 내리고 자연스럽게, 그러니까 전기자극이 가면 손이 올라가고, 그런데 전기자극을 주었는데도 손을 안 올리는 것입니다. 안 올리는 것입니다. 그래서 물었답니다. 왜 손을 안 올리느냐? 지금까지는 잘 올렸는데 왜 손을 안 올리느냐? 이렇게 질문을 했더니 그 실험에 참여한 그분께서 하시는 말씀이 '나는 손을 올린 적이 없다.' 라고 답하는 것입니다. 나는 손을 올린 적이 없다. '그럼 누가 손을 올렸느냐?' 물으니까 '당신이 올리지 않았느냐!' 당신이 올렸지 나는 손을 올린 적이 없다!

여러분들 한번 깊이 생각해 보시기 바랍니다. 전기자극을 줘서 손을 올렸는데 '나는 손을 올리지 않았다. 당신이 손을 올렸다!' 그 다음에는 목에서 말을, 음성을 꺼내는 실험을 또 했어요. 역시 전기자극을 주니까 말을 하는 거예요. 음성을. 또 자극을 주니까 또 말을 하고 입에서 말을 꺼내는 거예요. 그런데 어느 시점이 되니까 또 안 하는 것입니다. '왜 말을 안 하느냐?' 말하기 싫다는 거예요. '지금까지 잘하지 않았느냐?' 그러니까 대답이, '내가 말한 적이 없다.' '당신이 내 입에서 말을 꺼낸 것이지 내가 언제 말을 했느냐?' 똑같은 반응이에요. 똑같은 반응. 이 실험을 계속하면서 펜필드께서 내린 결론이 무엇이냐 하면, 뇌가 아닌 어떤 자아, 영혼이, 뇌와 구별되는 어떤 존재로, 존재하고 있는 것으로 보인다. 이렇게 결론을 내렸습니다. 이 결론은 신다원주의 과학과는 다른 결론입니다.

신다원주의 과학은 뇌의 전기반응이 의식입니다. 그런데 내가 가지고 있는 의식, 내가 가지고 있는 의지는 뇌와 구별이 된다는 것을 밝힌 것입니다. 뇌와 구별되는 의식, 자아가 있다. 보이지 않는, 물질이 아닌 의식과 자아가 있다. 펜필드는 이 의식과 자아를 영혼으로 추론했습니다. '이 실험을 근거로 해서 영혼의 존재를 추론할 수 있다.' 이렇게 말했습니다. 내가 실험한 실험을 전통적인 영혼불멸론의 근거로 쓸 수도 있을 것 같다. 이 책 속에 펜필드가 말하신 것입니다.

제가 지난 시간에 벤자민 리벳(Benjamin Libet) 교수의 실험에 대해서 여러분들에게 말씀을 드렸습니다. 캘리포니아 대학의 교수님이셨던 벤자민 리벳 교수가 사람이 손가락을 올리는데 의지보다 먼저 레디니스 포텐셜(Readiness Potential), 즉, 준비작업이 뇌 안에서 먼저 일어나고 그것에 의해서 의지가 자동적으로 반응을 하면서 손가락을 올렸다. 그러기 때문에 의지가 없다. 사람에게는 자유의지가 없다. 그런데 거기에 아주 중요한 스톱(stop)시킬 수 있는, 스톱 시킬 수 있는 의지가 있더라는 것입니다. 사람에게는 스톱 시킬 수 있는 의지가 있다. 벤자민 리벳 교수의 실험과 펜필스의 실험이 사실은 같은 실험입니다.

내용적으로 보면. 뇌의 전기 작용에 의해서 어떤 일들이 일어나는데 우리가 배가 고프면 자연스럽게 뇌에 전기작용이 일어나고, 그리고 식당으로 가야 하겠다 해서, 식당에 가서 밥을 먹는데, 그것은 전기 작용에 의해서 자연스럽게 움직이는 것이지만 스톱을 시킬 수가 있는 거예요. 오늘은 다른 중요한 일이 있기 때문에, 식당에 갈 수가 없다. 그런데 스톱을 시키는게 무엇입니까? 뇌가 아닌, 스톱을 시킬 수 있는 무언가가 있다. 그 말입니다. 무언가가 있다.

지금 펜필드 실험에 나오는 것도 뭡니까? 계속 전기자극을 줘서 손도 올리고, 말도 하고 그러는데, 내가 한 것이 아니다. 당신이 전기자극을 줬기 때문에 일어난 일이지, 나와는 관계없는 일이다.

뇌의 자극과는 관계없이 뭔가 '나'라는 것이 있지 않습니까? 신다윈주의 과학자들에게는 뇌가 나인데, 뇌의 자극을 받아들이기도 하지만 뇌의 자극에 저항하기도 하고, 뇌의 자극을 초연히 바라보는, 뇌와는 구별되는 어떤 존재가 있는 것입니다. 뇌와 뭔가 구별되는 나라는 존재가 있다는 것은 대단히 중요합니다. 뇌가 의식을 만들고, 뇌가 정신을 만들고, 뇌가 나를 만든다. 이렇게 신다윈주의 과학이 주장하지만 사실은 아닙니다. 뇌가 아니라 내가! 내가 나를 만듭니다! '나'라는 인격체, '나'라는 영혼이 나 자신을 만드는 것입니다.

우리가 정보를 입력할 때, 뇌 안에 정보를 입력할 때도, 누가 이 정보를 입력하는 것일까요? 내가 하는 것입니다. 수업시간에 선생님께서 뭔가 강의를 하시지 않습니까? 그러면 우리가 그 강의를 듣는데 귀로 들려온 내용들이 전부 다 뇌에 전달이 됩니다. 뇌에 다 전달은 되지만 기억 못 하잖아요. 옛날에 공부 못하신 분들은 더 기억 못 하십니다. 기억 못 하는 거예요. 왜 기억 못 합니까? 이렇게 정보가 들어와서 뇌에 전달이 되었다 하더라도 입력이 되는 것이 아닙니다. 입력은 내가 시키는 것입니다. 내가, '나'라는 인격체가 정보가 들어왔지만 흘려버리고 또 들어와도 흘려버리고, 그런데 그것을 기억하려고 하면 내가 입력을 시키는 것입니다. 의지적으로 입력을 시키고, 입력을 시킨 것이 뇌에 저장됩니다. 들어온 정보가 자동적으로 모두 저장되는 것이 아닙니다.

뇌와는 구별되는 '나'라는 자아가 있는 것입니다. 뇌와는 구별되는 '나' 라는 자아. 이것이 영혼일 수도 있지요. 이것이 존재하고 있는 것입니다. 현재 신다윈주의 과학자들이 그런 자아는 없다. 그것은 일루전(Illusion)이다. 환상이다. 세상에는 물질밖에 없다고 주장합니다. 아니에요. 물질인 뇌. 그 뇌 안에 뇌와는 구별되는 자아가 있습니다. 전통적인 개념으로는 그것이 영혼입니다. 오늘날 뇌의 모든 것이 거의 다 분석이 되었습니다. 그런데 결정이 뇌의 어느 부분에서 모든 정보를 모아서 행해지는지 모릅니다. 어떤 행동을 할 때 뭔가 결정을 하잖아요. 그런데 뇌의 부분 가운데 어느 부분에서 결정이 일어나는지 모릅니다. 그리고 결정을 위해 뇌 안의 모든 정보가 어디로 가는지도 모릅니다.

뇌의 다양한 곳으로 수많은 정보들이 전달되는데, 우리가 무슨 행동을 하려면, 그것을 종합해야 어떤 결정을 내릴 수 있지 않겠습니까? 그런데 종합하는 곳이 안 보입니다. 이게 뇌 안에 어디에 있는지 모르는 것입니다. 아직까지 발견 못했습니다. 무언가 사람이 판단하고 결론을 내리려면, 뇌를 분석했을 때 이쪽으로 들어온 정보와 저쪽으로 들어온 정보가, 그 전기적인 정보들이 어디론가 합쳐지는 곳으로 가야 하잖아요. 집중되는 곳이 있어야 합니다. 전쟁이 일어나면 모든 정보들이 사령관실로 보고가 집중되잖아요. 보고가 돼야지, 전화로, 무선으로 아니면 연락병이 뛰어와서, 그래서 사령관실에 모든 정보들이 보고되고, 모든 정보들을 종합해서 어떤 결론을 내립니다. 뇌도 마찬가지일 것이라고 생각합니다. 청각으로 들어오는 것, 시각으로 들어오는 것, 여러 가지 느낌으로 들어오는 것, 이런 정보들이 어디엔가 모여서 결정을 해야 하는데, 어디에서 하는지 모르는 것입니다. 그리고 또 명령이 떨어지는데 어디에서부터 떨어지는지 모릅니다. 펜필드는 이 문제에 대해 실험을 기초로 답을 하고 있는 것입니다.

뇌와는 구별되는 보이지 않는 존재인 자아, 혹은 영혼으로 보이는 무엇이 그 뒤에 존재하는 것으로 보인다는 것입니다. 자아. 최근에 미국의 템플턴 제단(Templeton Foundation)에서 의식 문제를 굉장히 많이 연구하는데, 도대체 이 의식이 어디에 있는지 잘 모릅니다. 뇌를 스테이지로 비유하면, 스테이지(stage) 뒤에 있는 것 같다고 생각하는 사람들이 많습니다. 뇌 뒤쪽 어딘가에 있는 것 같다. 스테이지 뒤는 보이지 않는 곳이잖아요? 아직도 과학자들이 오리무중입니다. 정확하게 찾아내지 못하고 있어요. 보이지 않는 자아나 영혼을 보이는 물질세계의 틀로 찾으려고 하니 오리무중일 수밖에 없는 것입니다. 그런데 현재까지 연구된 내용을 살펴보면, 뇌와는 구별되는 무언가가, 자아라고 할 수도 있고, 영혼이라고도 할 수 있는 어떤 것이 스테이지 뒤에 존재하고 있는 것이 아닐까? 라고 추론되는 것입니다. 그런데 펜필드가 실험한 이 연구는 스테이지 뒤에 존재하는 자아 혹은 영혼의 존재 가능성을 지지하는 연구라고 볼 수 있습니다.


## 4. 영혼의 존재, 뇌분리 실험이 밝히다.

오늘의 주제는 '뇌가 분리되면 인간의 영혼은 둘이 될까?'라는 것입니다. 뇌 분리 실험이 가진 심각한 파장을 여러분들에게 말씀을 드리려고 합니다. 뇌를 분리한다는 것은 상상하기가 사실 굉장히 어려워요. 그런데 만약에 좌뇌와 우뇌를 이렇게 분리했을 때 좌뇌 우뇌 사이에는 신경 다발이 있어요. 좌뇌의 내용이 우뇌로 전달되고 우뇌의 내용이 좌뇌로 전달되는 신경 다발이 있는데, 그 신경 다발을 자르면 좌뇌와 우뇌가 구분되는 것입니다. 그런데 이렇게 잘랐을 때 좌뇌가 독자적인 의식을 가지고 있고 우뇌가 독자적인 의식을 갖고 있다면, 만약에 그렇다면 인간의 영혼이 두 개가 되는 심각한 문제가 발생할 수가 있습니다.

그런데 이 뇌 분리 실험이 이루어졌습니다. 뇌 분리 실험이 이루어졌다는 것을 우선 먼저 기억할 필요가 있어요. 로저 스페리(Roger Sperry)라는 대단히 유명한 학자입니다. 노벨상까지 받으신 학자예요. 이분에 의해서 뇌 분리 실험이 이루어진 것입니다. 어떻게 뇌 분리 실험이 이루어지느냐? 사람의 뇌를 어떻게 자르느냐? 간질병 환자, 그것도 심한 간질병 환자가 있는 경우에 왼쪽에서 간질이 심하게 시작했을 때, 그 요동, 진동이 그대로 우뇌까지 전달이 되면 굉장히 위험하게 됩니다. 사람의 생명이 위태롭게 되는 그런 상황까지 올 수 있기 때문에, 신경 다발을 절단해야 합니다. 뇌 분리 실험이 이루어지는 의학적인 컨텍스트는 바로 이런 상황입니다. 이럴 때는 부득이 그 사람의 생명을 위해서 뇌를 잘라야 하는데, 실제로 뇌를 자르는 일이 일어났어요. 그리고 그것을 관찰한 것입니다. 로저 스페리는 바로 이 뇌과학 연구로 세계적인 명성을 얻으면서 노벨상까지 받았습니다.

뇌 분리를 하면서 로저 스페리는 좌뇌의 기능, 우뇌의 기능 등 여러 가지 기능들을 발견해 냈어요. 요즘 사람들이 좌뇌는 무슨 일을 하고, 우뇌는 무슨 일을 하고, 이런 말씀들을 많이 하는데 그 말씀의 배경에는 로저 스페리의 유명한 실험이 그 뒤에 존재하고 있습니다. 그런데 우리 기독교와 기독교 신학의 아주 중요한 문제는 로저 스페리가 뇌 분리 실험을 하고 난 뒤에 발견한 것이에요.

뇌를 분리하니까 의식이 두 개가 되더라는 것입니다. 왼쪽 좌뇌의 의식과 오른쪽 우뇌의 의식이 달라지더라는 것입니다.

좌뇌가 하는 것을 우뇌가 모르고 우뇌가 하는 것은 좌뇌가 모르고, 서로 모르기 때문에, 예를 들면 오른쪽 눈으로 본 것을 왼쪽 손으로 잡아 봐라 하면, 왼쪽 손이 못 잡는 거예요. 오른쪽 눈으로 본 것은 오른쪽 손으로만 잡는 것입니다. 그리고 이렇게 의식이 두 개가 있어서 지퍼도 왼쪽 손은 아래로 내리는데 오른쪽 손은 위로 올리는, 그러니까 이 뇌가 분리가 되니까, 사람의 의식이 두 개가 생긴다는 것을 의학적으로 증명한 것입니다.

사람의 의식이 두 개가 생긴다는 것은 우리의 자아가 둘이 되고, 영혼도 분리가 되어 두 개가 된다고 말하는 것과 거의 같지 않습니까?. 이거 얼마나 심각한 문제입니까? 로저 스페리는 사람의 의식이라는 것은 뇌에서 발생하는 것이다. 그러니까 영혼이 있다던지 자아가 독립적으로 있는 것이 아니고, 그것은 뇌에서 발생하는 것인데, 좌뇌가 자기의 자아를 만들어 내고, 우뇌가 자기의 자아를 만들어 내는 것이라는 것입니다.. 로저 스페리의 이 실험은 전통적인 철학 또 전통적인 기독교 신학의 이원론적인 사고를 완전히 부숴버리는, 이원론적 사고라는 것은 인간은 영혼과 육체로 구성되어 있다는 것인데 이런 이원론적인 사고를 완전히 부숴버리는 실험이기도 해요. 영혼은 없다. 영혼이라고 얘기할 수 있는 것은 어떤 물질에서부터 나오는 어떤 것에 불과하다. 그래서 로저 스페리의 실험은 인간에 대한 일원론적인 사고를 입증하는 실험이 되었습니다, 인간에 대한 일원론적인 사고의 철학적인, 신학적인 이론의 배후에는 이 로저 스페리의 유명한 실험이 존재하고 있습니다.

로저 스페리의 이 실험 때문에 철학이나 신학에서 이원론 또는 이원론과 닮은, 어떤 물질이 아닌, 어떤 것이 사람에게 있다는 것을 얘기하는 것이 거의 불가능한 상황이 되었습니다. 그것은 옛날, 아무 것도 모르던 플라톤 시대에, 그때나 얘기할 수 있었던, 또 신학적으로는 300-400년 전, 옛날 케케묵은 정통주의 그때나 얘기하던, 계몽되지 못한 사고로 취급받게 되었습니다. 그래서 지금은 물질이 아닌, 일원론적인 구조가 아닌 육체나 물질 외에 뭔가를 얘기하게 되면, 저분은 꼰대가 아닌가? 뭔가 잘 모르는 분 같다, 이런 이미지를 주게 되는 분위기가 이제 확산이 되면서 철학에도 일원론적인 인간 이해 또 신학에도 일원론인 인간 이해가 아주 강하게 퍼져 나갔습니다. 과학적 실험이 철학과 신학의 근본 틀을 바꾸어버린 것입니다. 신학에서는 영혼이란 인간 안에 존재하는 어떤 것이 아니고, 인간이란 전존재가 하나님과 맺고 있는 관계라는 주장이 서구 신학계에 강하게 주장되게 되었습니다. 신학계 역시 이원론을 버리는 방향으로 크게 움직이고 있는 것입니다.

사실 성경과 일원론적인 인간이해가 일치하는지, 이 문제는 다음 시간에 좀 더 얘기하려고 합니다. 성경의 세계관이 일원론적으로 보기에는 쉽지가 않습니다. 그런데 우리가 일원론적인 세계관을 가지고 성경을 재해석하는 이런 흐름이 기독교 신학 안에서 강하게 발전했습니다. 지금도 많은 분들이 그렇게 가르치고 계십니다. 교회에서 옛날부터 신앙 생활을 하시던, 일반 성도들은 이원론적인 사고를 하고 계시지만, 좀 현대적인 교육을 받은 젊은 목사님들은 그런 생각은 척결해야 된다. 물질로 구성된, 몸으로만 구성된 인간, 일원론적인 인간만 존재하는 것이다. 영혼이란 것은 인간의 몸 속에 들어 있는 어떤 실체가 아니고, 하나님과의 관계성 속에서만 이야기할 수 있는 관계적인 개념으로 이해해야 한다, 그렇게 가르칩니다.

완전히 신학적 방향까지 바꾸어진 것이 오늘의 상황입니다. 그런데 2017년 지금부터 5년 전이죠. 로저 스페리의 이 실험을 완벽하게 뒤집는 대단히 중요한 실험이 이루어졌어요. 암스테르담 대학교의 교수이신 야일 핀토(Yair Pinto)교수 팀에 의해서 뇌를 자른, 뇌가 분리된 환자들을 대상으로 정말 의식이 두 개냐? 굉장히 많은 환자들을 대상으로 연구했습니다. 그런데 결론은 놀라운 것이었습니다. 인식에 있어서 Perception(지각)하는 그 점에 있어서, 약간의 혼란은 있지만, 핵심은 여기에 있어요. 의식은 하나이더라는 거예요. Consciousness(의식)은 분리되지 않더라는 거예요. 굉장히 중요한 실험입니다. 의식이 분리되지 않습니다. 뇌가 두 갠데 왜 하나의 의식이 있느냐? 사람들이 토론도 하고 책도 읽고 친구들도 사귀고 얘기를 하는데, 전혀 문제가 없는 것입니다. 계산도 다 하고, 심지어는 걸어 다니는데도 문제가 없고, 운전까지 하더라는 겁니다. 운전까지 문제가 없이 완벽하게 하나의 의식이 있다. 로저 스페리의 실험을 완전히 뒤집는 실험입니다. 이제는 로저 스페리의 이론이 거의 뒤집혀졌습니다.

왜 의식이 하나일까요? 신다원주의 이론에 의하면 뇌가 두 개면, 두 개의 의식이 있는 것이 맞습니다. 노벨상을 받았던 로저 스페리의 그 이론이 맞을 거라고요. 그런데 우리에게 뇌와는 구별되는 영혼이 존재하고, 자아가 존재하고 있다면, 뇌가 분리되어도 하나의 자아, 하나의 의식이 있는 것이 맞지 않을까요? 야일 핀토 교수팀에서 내린 결론을 철학적으로 신학적으로 응용하면, 인간에게 영혼이 있을지 모른다, 하나의 자아가 있다는 것을 드러내는, 뇌와는 구별되는 어떤 보이지 않는 실체, 보이지 않는 자아가 있다는 것을 드러내는 대단히 중요한 실험입니다. 펜필드(Penfield)의 실험, 그리고 야일 핀토 교수의 실험은 영혼이 있다는 것을 상당 부분까지 암시하는 대단히 중요한 실험입니다.

## 5. 진화론에 의해 무너진 인간의 존엄성 회복

오늘의 주제는 '진화론에 의해 무너진 인간의 존엄성 회복' 입니다. 진화론이 절대 진리다. 이렇게 생각하는 분들이 많아졌잖아요. 그다음에 일어나는 문제가 얼마나 심각하다는 것을 생각하는 분들은 많지가 않아요. 진화론을 받아들이게 되면 인간의 존엄성이 근원적으로 흔들립니다. 인간의 선조는 원숭이다. 옛날에 인간의 선조는 원숭이라는 것 때문에 싫어하는 분들이 많았는데 실제로 원숭인지 침팬지인지 하여간 600만 년쯤 전에 침팬지와 사람의 어떤 공통조상이 있었는데 그때부터 이렇게 갈라졌고 거기서 또 이렇게 올라가다 보면 결국에는 어디까지 올라가는가 하면 인간의 조상이 파충류가 됐다가 박테리아가 인간의 조상이에요. 박테리아가 그 옛날에 인간의 조상인데 우리가 박테리아를 얼마나 싫어합니까? 그런데 그 박테리아가 인간의 조상이고 거기에서부터 진화를 해서 인간이 됐다.

인간의 미래는 뭐냐? 우리 주변의 다른 피조물과 똑같지요. 그냥 흙으로 다 돌아가면 왜 사느냐? 글쎄, 왜 사는지 이유를 찾기가 상당히 어렵습니다. 우리가 기르는 멍멍이한테 가서 '너 왜 사냐?' 하고 묻는 것 하고 또 돼지우리에 가서 돼지님한테 가서 '너 왜 사냐?' 하고 묻는 것이나 인간을 보고 '너 왜 사냐?' 하고 묻는 것이나 무슨 차이가 있겠어요? 별 차이가 없습니다. 실질적으로 그냥 허무와 무의미만 있습니다. 사는 동안 즐겁게 사는 게 최고다. 그러나 즐겁게 산들 얼마나 살겠어요. 조금 지나면 결국 허무 속에 들어가고 또 허무 속에 들어가고 절망 속에 들어가고 아무런 의미도 없는, 기껏 해봤자 남아 있는 의미라고는 DNA를 퍼뜨리는 것 그것 외에는 남아 있는 것이 아무것도 없을 것입니다.

진화론적인 과학을 하신 분들은 AI를 많이 얘기하잖아요. 인공지능, 인공지능의 시대가 돼서 인공지능이 인간을 뛰어넘는 시대가 오면, 이 뛰어넘은 시점을 '특이점'(singularity)이라고 합니다. 인공지능이 의식이 있고 무슨 사람처럼 무언가를 만들어내고, 이것이 정말 가능한지 이것이 전부 환상으로 보이는데, 그런 시절이 돼서 인공지능 로봇이 인간을 월등히 추월하는 그런 시점이 되면, 세상을 인공지능 로봇이 전부 다 지배를 하잖아요. 그때가 되면 사람은 동물원 속에 갇혀서 인공지능 로봇께서 오셔서 우리를 보고, 먹을 것 하나 던져 주고 뭐 이런 시절이 오지 않을까? 그러니까 결국에는 사람도 어떤 시점이 되면 인공지능에게 종속되는 존재 이상으로 생각하기 쉽지 않은, 결국 진화론이 그리는 세계가 이런 세계가 아닐까? 이런 생각이 듭니다.

배로(John D. Barrow)나 티플러(Frank J. Tipler)나 모리스(Simon Conway Morris)같은 학자들이 발전시킨 인간 중심의 우주 원리는 영원 전부터 하나님께서 인간 창조를 향해서 우주를 창조하시기 시작했다는 의미를 갖고 있기 때문에 인간에 대한 새로운 이해가 그 속에 존재하고 있습니다. 저는 인간 중심의 우주 원리를 그리스도 중심의 우주 원리로 발전시켜야 한다고 생각합니다. 더 크게 보면 그리스도 중심적인 우주원리 안에 인간 중심적 우주원리가 들어 있어야 한다, 이렇게 생각을 합니다. 인간의 미래가 어떻게 되느냐? 부활하신 그리스도 그 영광의 모습에 우리가 참여하는 것이잖아요. 진화론자들이 얘기하는 것과는 하늘과 땅 만큼 다릅니다.

창세기 1장 28절을 보면 '하나님께서 인간을 창조하시고' '하나님의 형상, 하나님의 형상대로 사람을 창조하시고' '모든 피조물을 다스리라 그렇게 말씀하셨다.' 이렇게 기록이 돼 있잖아요. 오늘날 자연과 인간이 차이가 없다는 신학도 발전하고 그런 과학도 발전하는데 그 배후에는 진화론이 있다고 생각을 합니다. 그래서 자연과 인간이 어떤 차이가 있느냐? 차이가 없다. 인간에게 영혼이란 것도 없다. 이렇게 무슨 동물이나 자연이나 사람이 별 차이가 없는 사고방식, 이런 과학, 이런 철학 그리고 이것이 신학까지 그냥 막 들어와 가지고, 신학계에도 이것이 완전히 다 점령을 해 버리는 시대가 왔는데, 뭔가 잘못 발전을 했다고 생각을 합니다. 이게 진화론적인 유물주의에 기초한 그런 세계관이라고 생각하는데 성경의 세계관은 그런 것이 아닙니다.

시편 8장 4절에서 6절을 보면 "사람이 무엇이관대 주께서 저를 생각하시며" "인자가 무엇이관대 주께서 저를 권고하시나이까" "저를 천사보다 조금 못하게 하시고 영광과 존귀로 관을 씌우셨나이다" "주의 손으로 만드신 것을 다스리게 하시고 만물을 그 발 아래 두셨으니", 창세기 1장 28절 하고 뭐 거의 비슷하죠. 그런데 여기 아주 중요한 표현이 하나 있는데 인간을 천사보다 조금 못하게 하시고라는 표현입니다. 그런데 사람보다 천사가 그러면 더 낮다는 말이냐? 그런데 번역이 좀 잘못됐어요. 그 원어를 보면 천사가 아니고 '엘로힘'이에요. 엘로힘은 하나님입니다. 사람을 하나님보다 조금 못하게 하시고라는 뜻입니다. 사람과 하나님과는 차이가 있지요. 그런데 시편의 말씀은 사람은 하나님보다 조금 못하다. 그게 하나님의 형상이에요. 그런데 이 세상의 모든 만물을 다스리게 하셨다. 이것이 인간의 존엄성이자 인간의 위대함입니다.

사실 사람은 대단히 위대한 존재입니다. 그리고 사람은 물질과 다른 어떤 차원을 가지고 있어요. 정신을 갖고 있고, 자아를 갖고, 영혼을 갖고 있잖아요. 진화론자들이 물질에서 의식이 발현한다. 영어로 'Emergence' 라고 하잖아요. 이머징(Emerging), 곧 발현한다. 그런데 이 물질에서 의식이 이머징한다. 더 나아가서는 영혼도 물질에서 이머징한다. 그렇기 때문에 영혼이란 게 따로 있는 것이 아니고 하나의 물질적인 어떤 것에 불과하다. 인간의 뇌가 하나의 물질인데 이 안에 보면 전기작용과 화학작용이 일어나잖아요. 거기에서 어떤 의식이라는 정신이라는 우리가 전통적으로 영혼이라는 게 여기 물질에서 발현하는 것이기 때문에 결국 인간의 모든 것은 물질적인 것이다. 이게 진화론적, 유물론적인 관점인데 그게 틀렸어요.

이 진화론적 유물론적인 관점을 얘기하는 분들은 수소 두 개와 산소 하나가 합쳐지면 $H_2O$ 물이 되는데, 수소가 갖고 있는 성분과 산소가 갖고 있는 성분과는 전혀 다른 물이라는 새로운 것이 만들어진다는 것입니다. 이것을 '창발한다' 혹은 '발현한다' 고 합니다. 소금도 얘기하면 Na 라는 나트륨과 Cl이라는 염소가 합쳐져서 NaCl 염화나트륨이 됩니다. 그런데 염소가 갖고 있는 성분이 대단히 위험한 성분인데 그것과는 전혀 다른, 우리에게는 없어서는 안되는 소금이라는 전혀 다른 어떤 물질이 생겨납니다. 그것과 똑같이 뇌 안에, 뇌가 하나의 물질인데 이 물질에서 물질이 서로 반응해서 정신이라는 새로운 어떤 것이 창발한 것이다. 이렇게 이야기하면 '맞는 것이 아닐까?' 이렇게 생각하고, 제가 사람들을 보니까, 다 그것이 맞는 줄로만 알고 그냥 따라 가더라고요. 그런데 여기에 아주 심각한 오류가 있어요.

여기 심각하게 틀린 데가 있어요. 그게 뭐냐하면 수소 두 개, 산소 한 개가 합쳐져서 물이 되는 것과, 뇌 안에 있는 물질들이 결합해서 정신이나 영혼이 만들어지는 것과는 하늘과 땅만큼 다릅니다. 수소 두 개, 산소 한 개가 합쳐서 물이 되지요. 수소 두 개, 산소 한 개라는 이 물질이 H2O라는, 물이라는 물질을 만들어낸 것입니다. 그런데 이 물이란 물질을 다시 분리하면 수소 두 개, 산소 한 개로 분해가 돼요. 이것이 무슨 말이냐 하면 물질이 새로운 물질을 만든 것입니다. 염화나트륨도 마찬가지예요. NaCl, 소금이란 것을 만들어 냈는데 소금을 다시 분해를 하면 Na와 Cl이라는 물질로 분해가 돼요. 그런데 정신은 물질로 분해되지 않습니다. 뇌의 전기작용이 정신을 만들었으면 정신을 분해하면 다시 전기작용이란 물질이 등장해야 할 것입니다. 그런데 정신을 분해하면 무엇이 나오나요?

우리의 정신이 행하는 모든 일들을 한번 보세요. 헤밍웨이가 『노인과 바다』(The Old Man and the Sea) 라는 대단히 유명한 소설을 썼는데, 노인과 바다라는 소설을 분해하면 무슨 물질이 나옵니까? 그것은 물질이 아니에요. 영국의 유명한 시인 엘리엇(T. S. Eliot)이 '황무지'(The Waste Land)라는 대단히 유명한 시를 썼잖아요. 우리가 그 시를 보면 정말 감동을 합니다. 그런데 그것이 물질에서 나왔을까요? 만약에 물질에서 나왔으면 그 웨이스트 랜드, 그 시를 분해하면 물질이 나와야 돼요. 하지만 거기에는 전혀 물질이 없어요. 진화론자들이 발견한 것은 물질이 새로운 물질을 만드는 것은 발견을 했어요. 그러나 물질 아닌 것이 물질에서 등장할 수가 없는 것이에요. 인간의 정신, 인간의 자아, 인간의 영혼은 물질이 아니에요.

이것은 인간의 몸이 창조될 때 함께 하나님으로부터 창조된 인간이 가지고 있는 대단히 중요한 인간의 존엄성을 얘기하는 대단히 중요한 것입니다. 이것과 인간이 하나님의 형상이란 것과 깊이 연결되어 있습니다. 여러분 생각은 어떻습니까? 수소 둘과 산소 하나가 결합해서 물이 된 것과 뇌 안의 전기작용이 정신을 만드는 것은 서로 결코 비교될 수 없는 것입니다. 수소 둘과 산소 하나는 물을 만들지만, 전기 작용이 정신을 만들지는 못합니다. 전기 작용이 정신을 창발하게 한다는 것을 강한 창발(Strong Emergence)이라고 합니다. 그런데 이 강한 창발은 진화론자들의 상상과 가설일뿐 전혀 증명되지 않았습니다. 오히려 반대로 정신이 어떤 일을 할 때에 도구로 뇌를 사용하고, 뇌 안의 전기작용을 일으키는 것입니다. AI가 사람을 대신할 수 없는 이유도 여기 있습니다. 인공지능 로봇은 기계일 뿐입니다. 그 기계에서 어떠한 전기 작용을 한다 해도 정신이나 영혼이 탄생하지 않습니다. 기계는 사람처럼 느끼는 주체가 없습니다. 정신이나 영혼은 물질의 영역이 아닙니다.


## 6. 사람이 죽으면 영혼은 어떻게 되나?

오늘의 주제는 '사람이 죽으면 영혼은 없어지는가?' 하는 것입니다. 전통적인 기독교 신앙을 가지고 있는 분들은 사람이 죽으면,

육체는 죽어도 영혼은 빠져 나간다. 이렇게 생각하잖아요. 교회 대다수 목사님들, 장로님들, 권사님들 그렇게 생각합니다. 옛날 신앙을 가지고 계셨던 분들은 일반적으로 그렇게 생각을 하고 계십니다. 그런데 최근에 학문적인 교육을 받은 분들 중에서 다르게 생각하는 분들이 많아요. 죽으면 영혼이 빠져나가는 것은 옛날의 헬라의 철학이 가르친 것이 아니냐? 헬라 철학이 가르치는 것을 우리가 반복하는 것이다. 기독교 복음은 오히려 그런 것이 아니지 않느냐? 성경은 전인을 얘기하고 있는 것이 아니냐? 이렇게 말하는 분들이 많습니다.

오스카 쿨만(Oscar Cullmann)이라는 학자가 계셨습니다. 스위스 바젤(Basel) 대학에서 가르치신, 대단히 유명한 신약학자입니다. 이름만 들어도 그분 말씀에 무조건 따라가야 할 만큼 그렇게 세계적으로 영향을 미친 유명한 학자이신데, 이분이 아주 유명한 논문을 하나 쓰셨습니다. 논문의 제목이 뭐냐하면, "영혼불멸이냐? 죽은 자의 부활이냐?"(Unsterblichkeit der Seele oder Auferstehung der toten?) 입니다. 여기에서 영혼불멸이냐? 죽은 자의 부활이냐? 이것이냐 저것이냐, 이 표현이 아주 중요해요. 영혼불멸론은 헬라의 철학이라는 거예요. 지금까지 이 헬라의 철학을 교리화시켜서 교회에서 가르쳤는데, 사도들이 가르쳤던 복음의 핵심은 영혼의 불멸이 아니고 죽은 자의 부활이라는 거예요. 예수께서 죽으시고 몸이 부활하시고, 우리의 몸도 부활할 것이다. 이 부활이 기독교 복음의 핵심이었는데, 이 기독교 복음이 헬라 지역에 전파되면서 헬라 철학과 섞이면서 교리화 된 것이 영혼불멸의 교리라는 것입니다.

그러므로 우리는 잘못된 헬라의 철학에서부터 기인된 영혼불멸의 교리를 이제는 잘라내고, 사도들이 전하셨던 본래의 복음인, 죽은 자의 부활의 교리로 돌아가야 되고 그것을 믿는 교회로 돌아가야 된다는 것입니다. 오스카 쿨만 교수께서 "영혼불멸이냐? 죽은자의 부활이냐?" 이 유명한 논문에서 주장한 내용입니다. 그러면 어떻게 되느냐? 사람이 죽으면 쿨만 교수님에 의하면 영혼이 빠져나가서 천국에 가는 것이 아니고, 무덤 속에 있다는 것입니다. 이것을 "그리스도 안에 있다"라는 말로 성경에 표현되어 있다는 것입니다. 그리스도의 품에서 잠들어 있다가 역사의 마지막 날, 주님 오실 때에 우리가 부활한다는 것입니다. 역사의 마지막 날 부활한다는 것을 입증하는 성경적인 근거들이 많이 있다는 것입니다. 고린도전서 15장 51절에 "보라 내가 너희에게 비밀을 말하노니 우리가 다 잠 잘 것이 아니요. 마지막 나팔에 순식간에 홀연히 다 변화하리니 나팔소리가 나매 죽은 자들이 썩지 아니할 것으로 다시 살고 우리도 변화하리라." 마지막 날에 무덤이 열리고 죽은 자들이 살아나는 것, 이것이 기독교 원래의 복음의 핵심이었다는 것입니다.

쿨만 교수의 주장이 맞는 것입니까? 영혼불멸의 교리는 정말 잘못된 교리입니까? 그것은 헬라의 철학일까요? 혹시 쿨만 교수가 신다원주의 과학 신다원주의 생물학에 굉장히 영향을 받으면서 영혼이라는 것은 존재하지 않는다고 생각하는 사고에 사로잡혀있는 것이 아닐까요? 제가 쿨만 교수의 논문을 처음 읽을 때는 좀 충격이 왔어요. '아~ 쿨만 교수의 말씀을 받아들여야 되겠다.' '내가 과거에 잘못 생각했구나.' '헬라의 철학을 교회에서 가르치고 잘못된 일을 했구나.' 그렇게 한동안 생각을 했어요. 그런데 시간이 지나면서 뭔가 아닌 것 같다고 생각하게 되었습니다. 우선 쿨만 교수의 주장은 성경과 일치하지 않습니다. 성경을 보면 죽은 자들이 무덤 속에 있는 게 아니에요. 다른 곳에 있습니다. 예수님께서 우편 강도에게 뭐라고 말씀하십니까? "네가 오늘 나와 함께 낙원에 있을 것이다"(눅23:43). 분명히 우편 강도의 육체는 이 땅에 있을 것입니다. 무덤 속에 있을 거예요. 그런데 예수님께서 '네가 오늘 나와 함께 낙원에 있을 것이다.' 라고 말씀하셨습니다.

고린도후서 12장 4절 이하를 보면 사도 바울께서 삼층천에 올라갔다는 얘기를 하십니다. 낙원이죠. 유대인들은 그들의 세계관에 의하면 하늘이 일곱 개입니다. 성경에서 하늘이라는 그 단어가 사실은 헬라어 원어로 보면 '하늘들' 복수형입니다. 왜 복수형이냐 하면, 유대인들은 하늘을 칠층천의 하늘이라고 생각했기 때문입니다. 그런데 그 셋째 하늘, 삼층천이지요. 셋째 하늘이 파라다이스 낙원이에요. 사도 바울께서 거기에 갔다는 것입니다. 말할 수 없는 계시를 받았다. '너무 자랑할만한 어마어마한 것이다' 라는 것을 거기에서 얘기하잖아요. 내 몸에 가시가 있는 것은 내가 이 어마어마한 것을 보았기 때문에, 어마어마한 계시를 받았기 때문에 하나님께서 교만하지 않게 하기 위해서, 내 몸에 가시를 준 것이라는 것을 깨닫고, 내가 더욱 기뻐하게 되었다. 이것이 고린도후서 12장의 내용이거든요. 그런데 그 삼층천 낙원에 갔는데 내가 몸 안에서 갔는지 내가 몸 밖에서 갔는지 잘 모르겠다. 그런데 이곳을 자세히 봐야 되는데 몸 밖에서 갈 수도 있다는 거에요. 사도 바울의 머릿속에는, 몸을 떠나서 나라는 존재가 파라다이스, 곧 삼층천, 그 낙원에 갈 수도 있다고 생각하고 있는 것입니다.

그러면 몸 밖에서 가 있는 그 존재는 도대체 무엇일까요? 사도 바울은 그것을 내가 갔다고 생각하고 있습니다. 성경의 영혼이란 개념은 사실은 나라는 존재의 자아, 진정한 자아를 대신하는 대명사적인 기능이 있어요. 내가 거기 갔다는 거예요. 내가 거기 갔다. 그러니까 성경은 육체와는 구별되는 무언가를 얘기하고 있잖아요. 고린도후서 5장 1절 이하에 보면 "땅에 있는 우리의 장막집이 무너지면 하나님께서 지으신 집 곧 손으로 지은 것이 아니요 하늘에 있는 영원한 집이 우리에게 있는 줄 아나니", 뭔가 저 하늘로 가는 거예요. 신자들은 죽음에서 천국으로 간다고 분명히 가르치는 본문입니다. 신자들이 땅에 묻혀 잠들어 있는 것이 아닙니다.

제가 쿨만의 주장을 생각하면서 내가 죽어서 땅 속에 있는데, 그것이 그리스도의 품에 있으니까 행복하다. 억지로 행복하다. 그러면 행복하다고 할 수 있을 것 같은데 뭐 그렇게 기쁘지는 않아요. 왜냐하면 죽고 난 뒤에 무덤을 가보면 그 무덤을 파보면 거기에 뱀도 나오고 쥐도 나오고, 그럼 거기에서 어쨌든 주님 오실 때까지 거기 있어야 합니다. 그런데 사도 바울이 하신 말씀은 빌립보서 1장 23절을 보면 "내가 떠나서 그리스도와 함께 있고 싶다" 여기서 떠나서는 몸을 떠난다는 말입니다. 몸을 떠나서 그리스도와 함께 있고 싶다. 그러니까 내 영혼이 그리스도와 함께 있고 싶다. 나라는 자아가 주님과 함께 있고 싶다. 그런 말이잖아요.

사람이 죽으면 영혼이 없어지는 것일까? 신다원주의 과학에 영향을 받아서 이제 신학에도 사람이 죽으면 영혼도 죽는다. 다 죽는다(Total Death)는 주장이 많습니다. 그러면 나는 어떻게 되느냐? 하나님의 기억 속에 남아 있다. 이렇게 설명하는 신학자들이 상당히 많습니다. 뭔가 희망이 되긴 되는데, 감격적인 희망은 아닌 것 같아요. 하나님의 기억 속에 하나님의 생명책 속에 내 이름만 있는 것이지 실질적으로 저는 없잖아요. 실질적으로 없고 주님의 기억 속에 주님의 생명책 속에 내 이름만 기록되어 있다. 이것이 발전된 신학이라고 지금 많이 가르쳐지고 있는데, 제 생각에는 신다원주의 과학에 사로잡혀서 등장하게 된 신학 같습니다. 사람에게는 영혼이 있어요. 이 영혼이 나라는 존재를 대신하는, 자아를 대신하는 대명사예요. 내가 죽으면 이 영혼이 주님과 함께 사는 것입니다. "네가 나와 함께 낙원에 있을 것이다"(눅23:43)는 예수님의 말씀은 우리의 영혼이 죽음 이후 주님과 함께 있음을 가르치는 매우 중요한 가르침입니다.

## 7. 영혼은 있다

오늘의 주제는 '영혼은 있다' 입니다. 영혼은 있다. 영혼에 대한 과학적 성경적인 이해를 여러분들에게 말씀드리려고 합니다. 지난 시간에 오스카 쿨만의 '영혼불멸이냐? 죽은 자의 부활이냐?' 그 논문에 대해서 비평적으로 여러분들에게 말씀드렸습니다. 영혼불멸의 교리와 죽은 자의 부활의 교리는, 이것이냐? 저것이냐? 그런 차원은 아닌 것으로 보입니다. 인간에게는 영혼이 있고, 영혼이 떠나서 주님과 함께 거할 것입니다.

그런데 부활의 교리는 더 설명해야 합니다. 기독교복음의 핵심은 부활에 있는 것은 틀림없어요. 오스카 쿨만 교수가 기독교 복음의 핵심이 부활이라고 주장한 것은 틀림없이 맞는 말입니다. 그러나 영혼이 없다. 영혼이라는 것은 헬라의 철학이다. 이것이 잘못됐다 그 말이에요. 그동안 기독교 신학 안에 헬라적 사유와 히브리적 사유라는 틀을 만들고, 영혼 이야기를 하면 헬라적 사유를 한다. 사고를 고쳐라! 히브리적인 사유를 해야 한다. 히브리적 사유는 인간을 일원론적으로 보는 것이다. 성경적인 사고는 히브리적인 사유다. 뭐 이런 주장이 굉장히 많았어요. 또 그런 책이 상당히 영향을 많이 미쳤어요.

핵심적인 것 중의 하나가 창세기 2장의 인간 창조에 대한 해석입니다. 창세기 2장에 하나님께서 사람을 창조하실 때 흙으로 창조하시고 그 안에 영을 불어 넣어 생령이 되었다. 그런데 이 해석에 대한 비판이 매우 강합니다. 전통적으로는 흙이라는 육체의 물질에 영혼이 들어와서 살아있는 영(Living Soul)이 됐다. 이렇게 전통적으로 생각을 했는데 그것이 잘못됐다는 것입니다. 이 본문에 나오는 느샤마라는 히브리어는 영혼 개념이 아니고, 그것은 호흡 개념이라는 거예요. 그래서 하나님께서 거기에다가 이렇게 호흡을 불어넣으시니까 살아있는 존재(Living Being)가 되었다. 이렇게 해석을 해야지, 유대주의적으로 히브리적으로 성경을 읽는 것이다. 구약성경에 나오는 루아흐, 네페쉬, 느샤마는, 보통 영으로 번역 되었던 이 단어들은 영이나 영혼으로 번역하면 안 되고, 이것은 호흡으로 번역을 해야 한다. 한동안 이런 주장이 휩쓸었어요.

그런데 최근에 양자 역학이 발전하면서 상당수의 학자들이 헬라의 철학이 '리허빌리테이션(Rehabilitation)' 되었다고 말하기 시작했습니다. 'Rehabilitation' 됐다는 말이 뭐냐면 그 권위가 새로 부여받게 되었다. 그 가치가 새로 부여받게 되었다는 말입니다. 양자역학이 보이지 않는 세계, 영의 세계를 발견하기 시작했기 때문입니다. 과거의 신다윈주의적인 과학은 영의 세계를 아주 철저하게 잘라내는, 영의 세계가 나오면 이것은 비과학적이다. 이렇게 철저하게 잘라내는 그런 흐름이었습니다. 이 흐름이 철학에도 영향을 미치고 신학에도 영향을 강하게 미쳤어요. 그런데 양자 역학이 발전하면서 영의 세계가 열리기 시작했습니다.

성경은 영혼이 없다고 주장하는 책일까요? 유대교 초기 문헌은 영혼에 대한 이해가 불분명해도 점차 성경은 분명히 영혼에 대해 언급하고 있는 것이 아닐까요? 영혼에 대한 부정적인 사고는 성경의 사고가 아니고, 오늘의 신다윈주의적인 육체만 있다고 보는 일원론적 사고를 신학자들이 받아들인 결과가 아닐까요? 오늘의 많은 신학자들은 인간은 전인(The Whole Person)으로 보아야지 과거처럼 영혼과 육체로 구성된 이원론적인 인간으로 보면 안 된다고 주장합니다. 전인이라는 표현은 일원론적 인간이해의 다른 표현으로 보입니다. 사람이 죽으면 전인으로서의 인간이 죽는다는 것입니다. 그러면 죽고 난 뒤에는 어떻게 될까요? 모두 다 없어지고, 영혼도 육체도 모두 없어지고, 하나님의 생명책에 이름만 기록되어 있는 것이 될 것입니다.

또 어떤 분은 성경 안에 원시적인 세계관이 있는 것이 아니냐? 이렇게 고대인들의 세계관을 오늘날 얘기하면 안 되지 않느냐? 영적 존재들, 천사나 마귀, 영혼과 같은 개념들은 원시적 세계관에 속하는 것들인데 오늘의 과학의 시대에 성경의 세계관을 반복하면 안 되지 않느냐, 이런 말들도 상당히 강하게 존재합니다. 옛 시대의 잘못된 세계관의 유산인 이원론적 인간이해를 벗고 오늘의 과학이 가르치는 일원론적 인간이해를 받아들이고 기독교 신학을 개화시켜 오늘의 시대에 맞은 신학을 세워야 하지 않느냐? 이런 주장도 상당히 존재합니다.

타당성이 전혀 없는 것은 아니라고 생각합니다. 그런데 중요한 것은 영적 존재들, 천사나 마귀, 영혼과 같은 개념들이 고대인들에게 있었던 잘못된 세계관이었던가? 라는 질문입니다. 오늘의 양자역학은 이미 영적인 차원을 발견했습니다. 영적 존재들, 천사와 마귀, 영혼과 같은 개념들을 몰아낸 것은 성경의 계시적 차원에 대한 인식의 부족에서, 오늘의 신다원주의 세계관인 일원론적 관점에서, 성경의 가르침을 가볍게 본 것은 아닐까요? 예수 그리스도 안에 하나님의 궁극적이고 절대적인 계시가 나타났습니다. 부활은 예수 그리스도 계시의 궁극성과 절대성을 나타냅니다. 계시의 핵인 예수 그리스도를 깊이 봐야 합니다.

톰 라이트(Thomas Wright)라는 영국의 성공회 신학자가 계십니다. 신약학자죠. 우리에게 익히 알려져 있는, 세계에 널리 알려진 대단히 유명한 신약학자인데, 톰 라이트에 의하면 예수님 시절에 두 개의 세계관 있다는 것입니다. 사두개인들이 가지고 있었던 세계관, 바리새인들이 가지고 있었던 세계관입니다. 사두개인들의 세계관은 영도 없고, 부활도 없고 영적인 존재도 없고, 천사도 없고, 그런데 바리새인들이 가지고 있었던 세계관은 영혼도 있고, 영적인 존재들 천사들도 있고, 부활도 있는, 그런데 예수님께서는 바리새인들의 세계관을 정확하게 가지고 있었다는 것입니다. 예수님의 말씀 속에는 영혼이 있어요. 예수님의 말씀 속에는 영적인 존재들이 있어요. 마귀도 있고 천사도 있죠. 예수님께서는 천국도 부활도 말씀하셨는데, 그동안 우리는 신다원주의의 영향을 강하게 받으면서 영의 세계를 다 없애 버렸잖아요. 마귀를 얘기하면 '저 사람 신학에 문제가 있는 것이 아니냐?' 이렇게 생각하는 사람들이 많습니다. 시대에 뒤떨어지는 신학을 갖고 있다고 생각하기도 합니다.

온신학TV를 여러분들이 보고 계시는데, 온신학의 특징 속에 마귀에 대한 싸움에 관한 것이 있어요. 유럽의 신학자들이 거기에 대해서 굉장히 불만을 가졌어요. '왜 온신학은 마귀에 대해서 얘기를 하느냐?' 그 옛날 원시인들의 세계관인데 마귀 이야기를 하면 되겠느냐? 저의 제자 중에 낙운해 교수라는 분이 있는데 아주 훌륭한 제자인데, 일본에서 온신학을 번역출간 하려는 작업이 이루어지는데, 거기에서도 역시 왜 마귀가 등장을 하느냐?는 질문이 있었다고 합니다. 여러분 마귀는 없는 것입니까? 영적인 존재가 없는 것이에요? 예수님께는 천사도 있고, 마귀도 있고, 예수님께서 오신 것은 마귀의 일을 멸하려 하심이라, 이렇게 분명히 말씀하셨습니다. 이것이 기독론의 큰 전제입니다.

　　마귀의 일을 멸하기 위해서 예수님께서 오셨는데, 오늘의 신학은 마귀를 얘기 하면, 이것은 제대로 된 학문적인 신학이 아니라고, 축출하려는 분위기가 학문적 신학에서는 강하게 존재합니다. 이렇게 축출해야 한다고 하는 사고가 어디에서 나온 것일까요? 저는 신학은 예수 그리스도에 정초해야 한다고 생각합니다. 진짜 계시의 핵심인 예수님에게 정초한 신학이 진짜 정통신학이고, 온전한 신학이고, 학문적 신학이고, 바른 신학입니다. 마태복음 10장 28절을 보면 "몸은 죽여도 영혼은 능히 죽이지 못하는 자들을 두려워하지 말고 오직 몸과 영혼을 능히 지옥에 멸할 수 있는 이를 두려워하라" 예수님 말씀이시지요. 잘 보시기 바랍니다. 몸은 죽여도 영혼은 능히 죽이지 못하는 자, 곧 세상의 임금들, 이 세상에 존재하고 있는 자들입니다. 이들은 우리의 몸은 죽일 수가 있어요. 그런데 나의 진짜 자아, 영혼을 죽일 수 없어요. 진짜 자아인 영혼이 있는 것입니다. 그런데 그 다음 말씀이 또 중요해요. "몸과 영혼을 멸한다." 영혼이 멸해질 수 있다는 말이에요. 성경이 얘기하는 영혼 개념과 헬라철학의 영혼개념이 일치하지 않아요. 헬라철학의 영혼

개념은 영혼 자체가 신적인 것입니다. 영원한 것이에요. 영원 전부 터 있는 것입니다. 영원 전부터 있던 어떤 영혼이 내 몸 속으로 들어오고 죽을 때에 빠져나가는 거잖아요. 그럼 개념이 아니에요. 성경적 영혼 개념은 내가 태어날 때 함께 창조되는, 그리고 죽고 난 뒤에, 이것이 영원히 있다. 그런 것이 아니에요. 하나님께서 멸해버릴 수도 있는, 그런데 중요한 것은 죽음 이후에 계속 존속하고 있는 나의 자아를 대변하는 대명사가 영혼입니다.

헬라철학은 영혼은 고귀하고 육체는 저급하다. 그래서 이 고귀한 영혼이 저급한 육체 속에 들어가서 온갖 힘든 세월을 보낸다. 그래서 육체라는 저급한 몸에서 해방 되는 것이 중요하다. 그런 개념이 아니에요. 성서적인 영혼개념은 다릅니다. 사실상 죄의 온상이 내 영혼 속에 있어요. 죄를 범하는 온갖 악한 일에, 그 주범이 내 영혼 속에 있습니다. 그런데 주님께서 내 영혼을 구원하신 것입니다. 내 영혼을 구원한다는 뜻은 나라는 존재, 자아를 구원한다는 뜻입니다. 베드로전서 1장 9절을 보면 "믿음의 종국은 영혼의 구원이라." 믿음의 마지막이 무엇인가 하면, 영혼이 구원받는 것입니다. 예수님께서 돌아가시ご 때, 누가복음 23장 46절을 보면 "내 영혼을 아버지 손에 부탁 하나이다"라고 말씀했습니다. 여기에서는 영혼이 '프뉴마(Pneuma)'에요. '프뉴마'. 예수님이 돌아가시면서 "내 영혼을"이라고 말씀하신 것입니다. 영혼은 존재합니다.

영혼은 있습니다. 오늘의 과학이 영혼이 있다는 것을 점차 밝혀내고 있어요. 예수님을 보면, 계시의 핵심인 예수님을 보면, 영혼이 있어요. 그런데 이 영혼은 헬라철학의 영혼과는 일치하지 않아요. 성경이 얘기하고 있는 영혼 개념은, 우리가 죽고 난 뒤에 나를 대변하는 하나의 대명사로 주님과 함께 거하게 되는 바로 나라는 자아, 그 실체를 얘기하는 것입니다. 우리가 부활의 복음을 얘기한다고 해서 영혼의 복음을 부정하면 안 됩니다. 부활도 나라는 자아, 곧 영혼이 덧입게 되는(고후5:1-4) 영광입니다. 영혼의 교리는 이천 년 기독교가 지금까지 보존하고 있었던 대단히 중요한 교리입니다.

# Ⅳ. 창조를 지시하는 과학적 발견들

## 1. 신의 창조를 지시하는 정교하게 조율된 우주 (A Fine-Tuned Universe)

오늘의 주제는 하나님의 창조를 지시하는 정교하게 조율된 우주입니다. 하나님께서 창조하셨다는 것을 드러내는, 지시하는, 매우 중요한 근거가 우주가 정교하게 조율되어 있다는 것을 최근에 과학자들이 많이 발견했습니다. 이 우주가 대단히 정교하게 조율되어 있어요. 이 우주가 정교하게 조율되어 있는 것을 보면 하나님께서 이 우주를 창조하셨다는 것을 상당 부분까지 알게 됩니다. 우리는 이 우주 안에 큰 관심 없이 살기 때문에, 우주가 얼마나 정교하게 조율되어 있는지를 잘 모릅니다. 그런데 놀랍게도 과학자들, 물리학자, 천체물리학자들이, 옛날에는 잘 몰랐는데, 최근에 와서 이 우주가 상상을 초월할 정도로 정교하게 조율되어 있다는 것을 과학적으로 발견을 했어요.

우연히 이렇게 정교하게 조율되어 있을까? 우연히 그렇게 됐다고 이야기하는 것이 사실은 과학적이지 않습니다. 한국에서 가장 높은 건물은 잠실에 있는 롯데 타워입니다. 이 빌딩은 엄청나게 정교하게 조율되어 있습니다. 약간만 역학적으로 오류가 생겨도 붕괴합니다. 태풍이 불어도 견딜 수 있게 조율되어 있습니다. 그런데 우주는 어마어마한 건축물입니다. 역학적으로 약간의 변화만 있어도 우주는 붕괴합니다. 지구가 태양의 주변을 도는 것 역시 엄청나게 정교하게 조율되어 있습니다. 엄청나게 정교하게 우주가 조율되어 있다는 것을 과학자들이 과학적으로 발견한 것입니다. 이 엄청나게 정교하게 조율된 것이 우연히 그렇게 되었을까요? 잠실 롯데 타워가 우연히 존재할 수 없는 것처럼, 우주 역시 우연히 존재할 가능성은 전혀 없습니다. "집마다 지은 이가 있으니 만물을 지으신 이는 하나님이시라"(히3:4).

오늘의 물리학의 표준이론에 의하면, 이 우주가 어느 한 점에서 빅뱅(Bigbang)을 했다고 합니다. 빅뱅을 해서 이렇게 각 방향으로 퍼져나갔다고 그러는데, 이것은 정말 놀라운 일입니다. 하나님이 아니면 절대로 이 빅뱅의 엄청난 역사를 일으킬 수 없습니다. 로라 댄리(Laura Danly)라는 미국 캘리포니아의 그리피스(Griffith) 천문대의 큐레이터가 있습니다. 대단히 권위가 있는 분이에요. 덴버 대학의 교수로 계시다가 그리피스 천문대의 큐레이터로 일하고 계시는 로라 댄리 박사께서 뭐라고 말씀하셨는가 하면, 빅뱅 이후 200경 분의 1 만큼의 팽창 속도의 차질이 있었어도 우주는 붕괴되었다는 것입니다. 빅뱅이 일어났잖아요. 그런데 이 팽창하는 속도가 100분의 1도 아니고 100경, 100조도 아니고 200경 분의 1 만큼의 차이만 있어도 우주가 붕괴했다는 거예요. 200경 분의 1 만큼의 차이도 없을 정도로 이 우주가 그렇게 정교하게 조율되어서 팽창해 나갔다는 것입니다.

빅뱅 이후 38만 년이 지나서 우주에 최초의 빛이 등장합니다. 우주배경복사라 그래요. 이 우주배경복사를 발견하신 분들이 전부 노벨 물리학상을 받았어요. 그런데 이 우주배경복사를 발견해서 자세히 관찰해보니 이게 참 얼마나 정교한지, 정말 로라 댄리 박사가 얘기한 그대로, 정말 200경 분의 1 만큼의 편차도 없이 일정하게 팽창되어 있는 것입니다. 엄청나게 놀랍지요. 이렇게 정교하게 우주가 조율되어 있다, 그 말이에요. 우리가 우연에 의해서 뭐가 이렇게 팽창하면 어떻게 38만년 동안 그렇게 정확할 수가 있겠어요. 우주의 팽창은 어마어마하게 정밀하고 정교하게 팽창이 일어난 것입니다. 하나님의 능력과 지혜가 아니고는 그 어떤 것으로도 설명은 불가능합니다.

조지 스무트 3세(George Fitzgerald Smoot III)라는 대단한 과학자가 있습니다. 2006년 노벨 물리학상을 받은 분입니다. 우주배경복사를 더 깊이 연구해서 노벨상을 받았습니다. 조지 스무트 3세는 우주배경복사를 깊이 연구하면서 그 빛들, 그 에너지에 약간의 차이가 있다는, 정말 미세하게 차이가 있다는 것을 발견했어요. 에너지에 10만 분의 1정도의 미세한 차이가 있고, 매우 미세한 패턴들이 있다는 것을 발견했습니다. 이것은 매우 놀라운 것이었는데, 이유는 그 패턴대로 오늘의 우주가 존재하고 있기 때문입니다. 다양한 은하계들이 그 패턴에 있는 위치대로 그대로 오늘날 존재하고 있는 것을 발견한 것입니다. 바로 이 아주 미세한 차이가, 이 패턴들이, 우주를 만든 설계도이구나! 스무트는 우주배경복사를 설명하면서, 이곳에서 신의 얼굴을 볼 수 있다고 말했습니다. 대단히 놀라운 발언입니다. 그가 말한, 여러분들께서 종교를 가지고 있으면 여기에서 신의 얼굴을 보는 것입니다는 말의 뜻은 이것이 하나님의 우주 설계도라는 말이었습니다. 우주는 우연히 생긴 것이 아닙니다.

제가 '저 태양이 수소핵 발전소다.' 이렇게 강의를 한 적이 있습니다. 그런데 진화론자들께서 하는 말씀을 보면, 뭐라고 말씀을 하는고 하니, 이 우주의 먼지, 우주의 티끌들이 이렇게 한곳에 모여서 태양이 만들어졌다, 이렇게 주장합니다. 이것은 편의주의(Opportunism)예요. 이 우주 안에 있는 그 티끌 그 먼지들이 이렇게 중력에 의해, 우주의 힘들에 의해 모여서, 그곳에서 우연히 태양이 생겨났다, 이렇게 주장합니다. 이것은 엄청나게 비과학적인 말입니다. 과학자가 이렇게 얘기를 하면 안 돼요. 그렇게 우연히 생겨날 수가 없어요. 태양은 핵발전소입니다. 수소 핵융합 발전소. 지금 세계가 그 수소 핵융합 발전소를 만들기 위해서 얼마나 노력합니까. 그런데 핵융합 발전이 일어나려면 대단히 정교하고 정밀한 설계도가 있어야 합니다. 어마어마한 발전소가 설계도 없이 우연히 생겨날 수는 없습니다. 모든 장비가 정확하게 그 위치에, 또 그 시간에 존재해야 합니다. 그리고 그 장비들도 우연히 존재할 수 없습니다. 핵융합 발전에 적합한 장비들이 고안되어야 하고 정교하고 세밀하게 만들어져야 합니다. 우주의 티끌이 모인 곳에서 우주의 힘들이 작용하면 핵융압 발전소가 생기는 것이 아닙니다. 토네이도가 계속 불어오면 고물 야적장에서 보잉 747기가 만들어질 수 있습니까? 우주의 힘들은 설계도와 같은 고급 정보는 결코 만들지 못합니다. 정보는 물질이 아닌 지성에 의해 생겨나는 것이기 때문입니다. 진화론자들의 착각은 우주의 힘들이 정보를 만들 수 있다는 오류에 있습니다.

핵발전소를 만들 때 우선 핵융합을 해야 합니다. 핵융합을 하려면 양성자가 양전하를 띠고 있기 때문에, 양성자들끼리 융합이 안 됩니다. 그래서 고온의 플라즈마가 있어야 됩니다. 액체, 기체, 고체 이렇게 우리는 세 개만 알고 있는데, 아주 뜨거운 기체를 플라즈마라고 그래요. 2천만 도가 넘는 그런 엄청나게 뜨거운 플라즈마. 그 플라즈마가 있어야지 핵융합이 일어납니다. 핵융합이 일어낳을 때, 엄청난 에너지가 발생을 하는데, 그 엄청난 에너지를 통제해야 합니다. 통제. 이것을 통제하려면 보통 기술로 통제가 되는 게 아닙니다. 여러분 그냥 막 고온의 에너지가 나올 때, 통제를 제대로 못 하면은 주변에 도시가 다 없어져 버려요. 저 엄청난 수소 핵융합 발전소, 저 수소 핵융합발전소가 어떻게 그렇게 긴 세월 동안 변함없이 일정하게 에너지를 보내 줄 수 있는가? 에너지의 강도가 조금만 높아져도 지구의 모든 생명은 죽습니다. 이 우주가 놀랍고도 놀랍게 정교하게 정밀하게, 조율되어 있는 것입니다. 공장 하나도 우연히 생길 수가 없어요. 그 어마어마하게 복잡한 수소 핵융합발전소가 그냥 생겨날 수 없는 것입니다.

지구가 태양의 주변을 도는 것도 굉장하게 정밀하게 조율이 되어 있어요. 중력, 이 중력에 약간의 변화가 있어도, 우주는 붕괴해 버려요. 우주가 팽창하고 있는데 우주를 팽창하게 만드는 척력이 끌어당기는 힘인 중력보다 매우 미세하게 큽니다. 이 비율이 약간만 달라져도 우주는 붕괴합니다. 핵력, 핵과 핵 사이를 끌어들이는 핵력에 있어서도 강한 핵력이 있고 약한 핵력이 있는데 여기에서도 약간의 변화만 있어도 우주가 붕괴합니다. 전자기력도 마찬가지예요. 그 힘에 약간의 변화만 있어도 이 우주가 붕괴해요. 핵 안에는 양성자와 중성자가 있는데 양성자하고 중성자는 크기가 거의 똑같은데 중성자가 정말 미세하게 더 큽니다. 물리학자들이 중성자가 요만큼 더 커야지 우주가 존재한다는 걸 알게 되었어요. 우주상수라 그러잖아요. 우주 안에 그런 엄청난 숫자들이 있는데 그 우주상수에 그 숫자에 약간의 변화만 일어나도 아주 미세한 변화만 일어나면, 우주는 붕괴한다는 거예요. 엄청나게 우주가 정교하게 조율되어 있습니다.

'주 하나님 지으신 모든 세계 내 맘속에 그리어 볼 때 하늘의 별 울려 퍼지는 뇌성 주님의 권능 우주에 찼네' 사실 이 찬송가는 하늘의 별과 우주를 보고 우리가 느낀 어떤 시적인 감흥을 표현한 거잖아요. 주 하나님 지으신 모든 세계 주님의 권능이 우주에 찼구나. 그런데 정교하게 조율된 우주라는 것은 시적으로 표현한 것이 아닙니다. 물리학자들이 과학적으로 발견을 한 것입니다. 이 우주가 정교하게 조율되어 있다는 사실을 기억하시고, "주 하나님 지으신 모든 세계 주님의 권능이 우주의 찼네"라는 찬송을 불러 보시길 바랍니다.

## 2. 신의 창조를 밝혀주는 세포 속의 복잡한 정보들

오늘의 주제는 '신의 창조를 밝혀주는 세포 속의 복잡한 정보들' 입니다. 세포가 굉장히 복잡합니다. 어마어마하게 복잡합니다. 옛날에는 잘 몰랐어요. 그냥 세포가 단순한 줄 알았어요. 세포가 단순하다고 생각했기 때문에 이 정도면 자연적으로 진화가 일어나서 이런 것들이 만들어질 수도 있겠구나. 이렇게 생각을 했어요. 옛날의 과학이죠. 아직도 너무나 많은 분들이 옛날의 과학에 사로잡혀서 그런 줄 알고 있어요. 그런데 분자생물학이 급속도로 발전했습니다. 분자생물학이 급속도로 발전하면서 이 세포가 복잡하구나. 복잡하구나 정도가 아닙니다. 어마어마하게 복잡하구나 어마어마하게 복잡하구나 정도가 아니에요. 까무러치고 까무러치고 또 까무러칠 정도로, 이게 엄청나게 복잡하구나 라는 것을 알게 되었어요. 분자생물학이, 첨단의 분자생물학이 신에게 굉장히 가까

이 와있습니다. 제 생각에는 갈수록 더 가깝게 갈 것이다. 그렇게 추론합니다.

2016년 영국 런던의 로얄 소사이어티(Royal Society), 즉 왕립학회에서 세계 최고의 생물학자와 고생물학자가 다 모인 그 학회에서 개회 강연을 하신 오스트리아 빈 대학(University of Vienna)의 게르트 뮐러(Gerd Müller) 교수께서 신다원주의의 막다른 곤경을 이야기했다는 것을 언급했습니다. 신다원주의의 막다른 곤경. 지금까지 신다원주의로 살아온 세계에 지금 어떤 슬픈 이야기를 지금 얘기 한 것입니다. 신다원주의의 한계와 곤경. 그 심각한 곤경의 근원으로 이 세포의 엄청난 복잡성이 언급되었습니다. 신경세포까지 들어가면 상상할 수 없는 어마어마하게 복잡한 것이 존재합니다. 이 어마어마하게 복잡한 것이 적자생존, 돌연변이, 자연선택이라는 신다원주의의 메카니즘으로서는 절대로 설명이 안된다고 뮐러 교수는 언급했습니다. 절대로 설명이 안된다. 그러면 대안이 뭐냐? 대안은 모르는 것이죠. 설명이 안 된다, 그 말이에요. 왜 설명이 안되느냐? 복잡하기가 이를 데가 없어요. 어떤 생물학자께서 하신 말씀은, 이 세포하나가 꼭 뉴욕(New York) 도시 같답니다. 여러분 뉴욕이라는 도시가 얼마나 큰 도시입니까? 그 도시에 도로도 있고, 전기줄도 있고, 상수도도 있고, 하수도도 있고 가게도 있고, 학교도 있고, 관청도 있고, 정보도 교환하고, 건물도 있고, 공원도 있고, 세포가 그렇게 되어있대요. 그렇게 복잡하대요. 여러분, 뉴욕이라는 도시가 우연히 어쩌다가 그냥 돌들이 굴러다니다가 서로 껴맞춰져서, 뉴욕이 생겼다, 그러면 너무 이상하잖아요. 이것은 정상적인 사람이 이야기하는 방식이 아닙니다. 그런데 세포를 연구해보니까 그렇게 복잡하더라. 그렇게 복잡하더라.

제가 책을 한 권 설명하겠습니다. 이 책은 작년 2020년에 나온 책이에요. 이 책의 제목은 『생명의 근원에 대한 신비』(Mystery of Life's Origin)입니다. 아직 한국어로 번역되지 않았습니다. 생명의 근원에 대한 신비. 생명의 근원이라는 것의 핵심은 세포에요. 세포. 그 세포가 어떻게 생겨났는지가 신비라는 것입니다. 이 신비가 지금까지의 신다원주의의 이론으로 다 설명이 된다고 생각했는데 전혀 설명되지 않는 신비라는 것입니다.

이 책 안에 세계적인 나노(Nano)과학자이신 제임스 투어(James Tour)라는 분이 쓰신 글이 있습니다. 제목은 "우리는 아직도 생명의 기원에 대해 전혀 모르고 있다"(We are still clueless about the Origin of Life)입니다. 우리들은 아직도 전혀 모르고 있다. 그런 글인데, 제임스 투어는 세계적인 나노과학자, 미국에서 세계적인 대표적인 15인의 과학자 가운데 선정된 적이 있는 바로 그런 분입니다. 오늘의 과학자 15인에 당당하게 선정된 바도 있는 분이신데, 세포를 자세히 연구해 보면 이 세포가 우연에 의해서 바르게 조합이 되어 세포가 기능을 발휘할 수 있을 가능성은 거의 완벽하게 없다는 것입니다.

세포에는 아미노산이 많이 있는데, 아미노산은 서로 다른 종류의 스무개의 아미노산이 있습니다. 그런데 이 20개의 아미노산이 정확하게 배열되어야 하는데, 이것들이 우연에 의해 정확하게 배열될 가능성은 전혀 없습니다. 투어에 의하면 이것은 꼭 소설책이 쓰여지는 것과 같다는 것입니다. 영어 스물여섯 알파벳으로 소설책 하나가 써집니다. 그런데 그 글자를 제멋대로 배열되면 소설책이 써집니까? 절대로 소설책이 써지지 않습니다. 소설책이 써지려면 사람이 어떤 생각을 갖고, 그 생각에 따라서 단어를 정돈해야 되는 것입니다. 그렇게 글자들를 정돈해서 써야지 소설책이 써지는 것과 마찬가지로 세포 안에 있는 아미노산들도 정확하게 배열되어야 합니다.

　서로 다른 스무개의 아미노산이 질서정연하게 꼭 그 자리에 정확하게 배열되어야 되는데, 그것이 꼭 소설책 한 권 쓰는 것과 같다는 말입니다. 그런데 소설책이 우연히 생겨날 수 없는 것과 마찬가지로, 아미노산이 그렇게 질서정연하게 그 자리에 정확하게 필요한 아미노산이 배치될 가능성이, 그냥 저절로 어쩌다가 정확하게 배치될 가능성은 절대로 없다는 말입니다. 제임스 투어께서 하신 말씀은, 우연히 세포 안에 있는 모든 것들이 정확히 조합이 돼서 제대로 기능을 할 수 있을 가능성, 바른 조합이 이루어질 수 있는 가능성은 10의 790억승 분의 1이라고 합니다. 10의 790억승 분의 1. 그러니까 우연히 만들어 질 수 있는 확률은 10의 790승 분의 1도 아니고 10의 790억승 분의 1이라는 거에요. 이것은 브뤼셀 대학교(Free University of Brussels)의 피터 톰파(Peter Tompa)라는 학자와 존 홉킨스 대학교(Johns Hopkins University)의 조지 로즈(George Rose)라는 분이 연구한 연구에 근거해서 하신 말씀입니다. 신다윈주의자들이 '우연에 의해서 생명체가 탄생했다' 그것이 불가능하다는 것. '바로 이것이 근원적으로 불가능하구나' 하는 것을 투어가 언급하고 있고, 또한 로얄 소사이어티, 왕립학회의 유명한 학술대회에서 게르트 뮐러 교수라는 세계적인 학자께서 말씀하신 것입니다.

　안토니 플루가 죽기 전에 남긴 중요한 책을 기억할 필요가 있습니다. 『존재하는 신』(*There is a God*)이라는 책입니다. 신이 있다. 안토니 플루(Antony Flew)는 신이 없다는 것을 주장해서 세계적인 명성을 얻은 분입니다. 도킨스(Clinton Richard Dawkins)의 스승의 그룹에 있었던 대단히 유명한 분이었습니다. 그리고 유신론을 파괴하는데 악명이 높았습니다. 그래서 『존재하는 신』이라는 책의 부제에 "가장 악명이 높았던"(The Most Notorious)라는 표현이 붙어있습니다. 가장 악명 높았던 안토니 플루께서 돌아가시기 전에 '신은 있다!' 바로 이 책입니다. 신이 있다 라는 책을 쓰시고 세상을 떠났습니다. 근데 이 책을 읽어보면 신이 있다는 이유를 이분이 하나하나 이야기하시는데, 우주가 정교하게 조율되어 있는 것을 보면 신이 틀림없이 있다. 그런데 생물학적인 이야기도 중요하게 기록되어 있습니다. 세포가 형성되려면, DNA, RNA, 단백질이 순서로 만들어지는데, DNA에 있는 엄청나게 복잡한 정보가 단백질을 만들려면, 정보에 따라서 아미노산을 불러오고 정확한 자리에 배열을 해야 하는데, RNA는 중간에 통역을 하는 엄청난 중요한 기능을 합니다. 통역. 그 엄청난 내용을 통역해서 전달하는데, 여러분, 통역기가 저절로 생겨날 수 있습니까? 플루는 엄청난 정보를 통역해서 암호로 만들어 정보를 전달하는 RNA의 기능만 보아도 이것은 우연에 의해 생길 가능성은 전혀 없다고 판단한 것입니다.

헤밍웨이(E. M. Hemingway)의 『노인과 바다』(The Old Man and the Sea)라는 소설이 우리 말로 번역되었을 때 그것이 사람이 번역한 것이 아니고, 우연히 생겨났다고 누가 주장하면 너무 이상한 주장이 아닐까요? 그리고 이것을 번역하는 번역기가 우연히 생겼다고 한다면 그것 역시 너무 이상한 주장이 아닐까요? 그 엄청나게 큰 소설을 번역기가 번역해서 우리말로 옮겼다고 했을 때, 그 번역하는 번역기가 우연히 생길 수가 있습니까? 어떤 사람이, 그 모든 정보를 알고 있는 사람이, 만들어야 되지 않습니까? 구글 번역기가 있어요. 제가 구글 번역기에 넣어서 번역을 해보니까, 요즘은 구글 번역기가 참 많이 발전을 했어요. 그래서 어느 정도 번역을 하더라구요. 그런데 중요하고 복잡한데 가면 많이 틀리지만 그래도 옛날에 비해서는 많이 발전을 했습니다. 구글 번역기를 만든 분들은 대단한 전문 인력들입니다. 그 대단한 전문 인력들이 각 언어의 용어와 다양한 용례들을 수없이 연구하고, 또 연구해서 구글 번역기를 만들었는데도 아직도 상당 부분 문제가 많습니다. 기술이 그렇게 발전을 했는데도 여전히 번역이 어렵습니다.

RNA가 세포 안에 들어 있는 번역기입니다. 번역기. 어떻게 이렇게 정확하게 번역해서 정확하게 아미노산을 배열하게 할 수 있습니까!『존재하는 신』을 읽어보면, 이 RNA가 갖고 있는 엔코드(encode)기능만 살펴보아도 신은 존재한다는 것입니다. 엔코드가 뭡니까? 수많은 정보들을 번역해서 그 정보를 암호화해서 넘겨주는 것 아닙니까? 그걸 보니까, 그것만 봐도 신이 있다, 그 말입니다. 이것은 신이 하신 일이다. 그 말입니다. 여러분 생각은 어떻습니까? 정말 신이 한 일 같습니까? 아니면, 다른 설명이 가능할까요? 신다윈주의자들은 이 곤경에서 벗어나기 위해 새로운 이론을 발전시키려고 안간힘을 쓰고 있지만, 아직까지 과학적으로, 이성적으로 합리적으로, 납득이 될 수 있는 다른 설명은 없습니다.

고등학교 교과서에 실려있는 밀러-유리(Miller-Urey) 실험은 생명의 기원이나 세포의 기원을 설명하는 실험인데, 마치 생명이 자연적으로 우연히 발생할 수 있다는 인상을 주도록 과장되게 설명되고 있지만, 그것은 지극히 우연히 아미노산들이 만들어질 수도 있다는 의미를 갖는 정도의 실험이지, 아미노산들이 정확히 배열되어 생명체를 탄생시킨 엄청나게 복잡한 정보와 세포의 설계에 관해서는 어떤 것도 말하지 못하는 실험일뿐입니다. 밀러-유리 실험은 하나님께서 생명을 창조하실 때에 하나님께서 아미노산을 만드신 방법과 관련된 실험일 뿐입니다. 아미노산도 우연히 만들어졌을 가능성은 매우 적습니다. 초기 지구의 척박한 상황에서 아미노산이 탄생하는 조건과 정황을 하나님께서 만드셨을 가능성이 많은 것이지, 우연히 그런 조건과 정황이 생겼을 가능성은 매우 적기 때문입니다.

## 3. 무너지는 진화론 – 캄브리아기 생명체 대폭발(Cambrian Explosion)

오늘의 주제는 진화론의 기둥을 파괴하는 캄브리아기의 생명체 대폭발입니다. 진화론의 기둥을 파괴하는 캄브리아기의 생명체 대폭발. 옛 프린스턴 신학교의 유명한 교수님이셨던 찰스 하지(C. Hodge) 교수께서는 '독수리의 눈알을 봐라' 독수리의 눈알을 보면 하나님의 계심을 확실히 알 수 있을 것이다. 그렇게 가르쳤습니다. 제가 하지 교수님의 책을 읽으면서 생각을 해 봤어요. 독수리의 눈알을 가만히 생각해 보니까 정말 하나님이 계신다는 것을 알겠더라고요. 사진기가 있잖아요. 그 사진기가 우연히 생길 수가 없습니다. 거기에 있는 조리개라든지 여러 가지 부품들이 저절로 돌아다니다가 나중에 껍질까지 이렇게 만들어져서 사진기가 생겼다고 하면, 그 분은 정신이 뭔가 심각하게 문제가 있는 분입니다. 사진기를 보면 사진기를 만든 사람 있어요. 독일제는 독일에서 만들었다. 일제는 일본에서 만들었다. LG에서 만들었다, 삼성에서 만들었다. 만든 곳이 분명히 있지 않습니까? 그런데 사진기와 독수리의 눈알을 비교하면 사진기는 형편없는 모조품입니다. 눈알을 본떠서 만든 게 사진기잖아요. 이 사진기보다도 몇십만 배 몇백만 배 더 복잡하고 정밀한 독수리의 눈알이 어떻게 저절로 생길 수가 있겠어요?

제가 하지 교수의 글을 읽으면서, 정말 하나님이 계시는구나. 하나님께서 만드셨구나. 그런 생각이 들었어요. 다원주의자들, 무신론적 진화론자들에게 가서 이 독수리 눈알, 복잡한 눈알 이야기를 하면 이분들이 비웃습니다. 어떻게 비웃느냐 하면, 생명체 속에, 미생물 같은 것이 약간 빛을 감지하는 그런 것이 있었는데, 그게 점점 조금씩 변화되어서 그래서 독수리의 눈알이 생겼다는 것이에요. 이 긴 세월, 그게 5억 년인지 10억 년인지 모르는 그 긴 세월을 지나면서, 그러니까 이 돌연변이가 누적되면서 눈알이 생겼다는 것입니다. 이 다원주의자들의 주장이 완전히 허구라는 것을 지난 시간에 말씀드렸습니다. 이런 이야기를 들으면 '또 그게 맞는 것이 아닐까?' 이런 생각을 하는 분이 없기를 바랍니다.

오늘의 주제가 캄브리아기의 생명체 대폭발인데, 캄브리아기는 지질학의 연대적으로 볼 때 고생대가 시작되는 시점입니다. 약 오억사천이백만 년 전부터 사억팔천팔백삼십만 만 년 전까지의 시기를 캄브리아기라고 그래요. 그런데 왜 캄브리아기가 진화론과 관련해서 이게 굉장히 논쟁이 되는 중요한 시기냐 하면 이 캄브리아기에 엄청나게 많은 생명체가 폭발적으로 갑자기 출연합니다. 놀라운 생명체의 출연이에요. 완전한 생명체들이 이 때에 등장합니다. 대표적인 생명체가 삼엽충입니다. 그리고 삼엽충만이 아니고 현존하는 생명체 대다수의 문들(phyla)이 이 때 출현했다고 합니다. 그러니까 기본 생명체의 골격들이 이때 다 출현을 했다는 뜻입니다.

캄브리아기라는 용어는 영국의 웨일즈(Wales)에서 나왔어요. 웨일즈의 다른 이름이 캄브리아라는 이름을 갖고 있었는데, 웨일즈에서 캄브리아기 화석이 많이 출토되었어요. 찰스 다윈이 『종의 기원』이라는 진화론을 쓸 때에, 다윈이 웨일즈의 캄브리아기 유적을 방문한 것이죠. 그런데 캄브리아기가 다윈에게도 늘 걸림돌이었어요. 왜냐하면 이 진화론이라는 것은 아주 미세하게 변하는 것인데, 캄브리아기는 갑자기 생명체가 많이 등장합니다. 날카롭게 높이 솟은 바위같이, 도저히 올라갈 수 없는 절벽 저 위까지 올라가버리는, 그래서 점진적인 진화의 방식으로는 결코 설명되지 않기 때문에 캄브리아기는 다윈주의의 최대의 걸림돌이었습니다. 다윈은 캄브리아기를 설명할 수가 없었어요. 자기의 진화론으로 설명을 해야 하는데, 캄브리아기의 생명체 폭발을 설명할 수가 없었습니다.

그래서 다윈은 나는 이 캄브리아기의 생명체 폭발을 설명할 수가 현재로서는 없는데 아마 후대에 이것을 설명할 수 있을 것이라고 주장했습니다. 화석이 더 많이 발견되면 날카로운 절벽 같은 간격들이 작은 층층다리로 연결되어 있는 것을 알 수 있을 것이다. 그렇게 생각을 했어요. 또 그렇게 글을 썼습니다. 그런데 여러분, 정말 다윈의 생각대로 되었을까요? 화석이 엄청나게 많이 발견된 오늘날, 다윈이 희망한대로 되었을까요? 아직도 진화론을 믿고 있는 사람들은 다윈의 주장대로 되었을 것이라고 착각하고 있습니다. 그러나 결과는 반대였습니다. 캄브리아기의 화석이 대량으로 발굴된 오늘날, 다윈의 꿈은 산산조각이 났습니다.

웨일즈에서 등장한 이 캄브리아기의 화석들은 생명체가 순간적으로 대폭발했다는 것을 의미하는데, 진화론의 기둥을 망치로 두들기는 그런 특징이 있는 사건이라고 생각합니다. 그런데 캐나다 로키산맥의 혈암층에서 엄청나게 많은 캄브리아기의 생명체가 출토되었어요. 캐나다 로키산맥의 혈암층에서 출토된 캄브리아기 화석들은 다윈주의 진화론을 더 어렵게 만들어버렸어요. 아니, 도대체 왜 이렇게 갑자기 생명체가 폭발적으로 나타나느냐? 중요한 것은 캄브리아기에 등장하는 이 생명체의 이전 단계들이 있어야 되는데, 이전 단계들부터 점진적으로, 스텝 바이 스텝으로, 이렇게 등장해야 하는데, 선캄브리아기에는 전 단계로 볼 수 있는 것이 아무것도 없는데, 갑자기 엄청난 생명체가 폭발적으로 등장을 하는 것입니다. 그 전 단계가 전혀 없는 것입니다.

중요한 것은, 수많은 토론의 중심에 있는, 눈, 이때 눈도 갑자기 등장합니다. 겹눈도 등장하고 카메라 눈도 등장하는데, 이것이 5억 년이나 10억 년 세월이 지나서, 겹눈이 등장하고 카메라 눈도 등장해야 하는데, 또 눈의 전 단계들이 굉장히 많이 있어야 하는데, 전 단계들도 전혀 없이, 갑자기 눈이 출현하는 것입니다. 현재 많이 연구한 끝에 나온 기간은 길게 잡아도 육백 만 년에서 천만 년 사이에 등장한 것으로 지금 밝혀져 있습니다. 어쩌면 50만 년도 안 될 수 있습니다. 그런 까닭에 도킨스도 50만 년 만에 진화적 방식으로 눈이 생길 수 있다는 무리한 주장을 했습니다. 도킨스의 주장은 다음에 자세히 언급하려 합니다. 어떻게 그 짧은 시간 사이에, 이렇게 눈과 같이 복잡한 것이 저절로 나올 수 있을까요?

눈과 같이 이 복잡한 것 안에 들어있는 그 단백질, 그 유전자의 복잡한 것들을 계산하면 수가 천문학적인 숫자가 나와요. 그 어마어마한 정보가 도대체 어디서 왔을까 ? 어떻게 그 짧은 시간 사이에 이렇게 천문학적 정보를 가진 눈이 돌연변이로 갑자기 나타날 수 있단 말인가? 그런데 그 시간 사이에 머리도 등장하고, 입도 등장하고, 좌우대칭형의 생명체가 등장하고, 소화기관, 항문, 내장 등 엄청난 것이 갑자기 등장합니다. 소화기관 하나 만들어지는 것도 불가능할 정도로 쉽지 않습니다. 이 모든 것들이 다 등장하는 것입니다. 캐나다 혈암층의 캄브리아기 화석들은 다윈주의자들의 입을 틀어막는, 다윈주의의 불가능을 입증하는 과학적 증거들이었습니다.

캐나다 록키 산맥의 혈암층의 캄브리아기 화석도 웨일즈 화석과 마찬가지로 선캄브리아기에는 캄브리아기의 생명체와 연결할 수 있는 어떤 것도 존재하지 않았습니다. 생명체가 갑자기 대폭발한 것입니다. 그러데 마침내 중국의 서남부 윈난성에 쳉지앙 화석이 또 엄청나게 대규모로 발굴되었습니다. 캄브리아기 화석이에요. 엄청나게 대량으로 출토가 됐는데, 양으로 보면 가장 많은데, 그 엄청나게 많은 캄브리아기 화석이 출토가 됐는데, 그 화석에도 전 단계에는 생명체가 없는 것이에요. 전 단계가 없는 웨일즈에서 처음 캄브리아기 화석이 발굴된 것은 다윈주의 진화론의 기둥을 망치로 친 것이라면, 쳉지앙 화석은, 중국 서남부의 윈난성 쳉지앙에서 이렇게 발굴된 이 엄청난 양의 캄브리아기 화석은 다윈주의 기둥을 다이너마이트로 폭발시킨 것이라고 생각합니다. 진화론의 기둥이 다이너마이트로 폭발이 돼 버렸어요.

바로 이 쳉지앙 화석을 연구한 최고의 전문가 가운데 한 분, 중국인 학자 쳉 준 유안(Chen J. Y.)이라는 학자가 있어요. 쳉이라는 학자가 미국에 초청을 받아서 미국 시애틀에 있는 워싱턴 대학에서 강연을 했습니다. 이분의 강연은 다윈주의를 비판한 것이었습니다. 내가 쳉지앙 화석을 깊이 연구해 보니 다윈주의가 틀렸다 그 말이에요. 전단계의 화석이 없다 그 말이에요. 다윈주의는 밑에서부터 이렇게 조금씩 조금씩 올라오는 거잖아요. 그런데 갑자기 다 등장했다는 것입니다. 우리가 손가락으로 예를 들어 언급하면, 이렇게 밑에서부터 위로 손가락이 한 줄기에서 각각으로 흩어져가야 하는데, 이분의 말씀에 의하면, 거꾸로라는 거예요. 완전한 것들이 먼저 등장해버렸다는 것입니다. 진화론자들이 주장하는 진화의 계통수가 오히려 뒤집어져 있다는 것입니다.

이분이 하신 말씀, 참 재밌는 말을 했는데, 정부도 비판하지 못하는 중국의 학자가 어찌 다윈주의를 비판하느냐? 라는 질문에 대한 첸 교수의 답이었습니다. 미국에서는 정부는 비판할 수 있어도 다윈주의는 비판 할 수가 없다. 그러나 나는 정부는 비판 못해도 다윈주의는 비판한다고 답을 했습니다. 당신네들은 정부는 비판할 수 있어도 다윈주의는 비판하지 못하지 않느냐는 미국의 과학적인 현실을 얘기하는 것입니다. 미국에서 다윈주의를 비판했다가는 교수하기가 어렵습니다. 그냥 그 자리에서 목이 날아갈 가능성이 많습니다. 그런데 이분께서 하신 말씀은 중국에서는 정부는 비판 못하지만 다윈주의는 비판할 수가 있다는 것입니다. 내가 볼 때 쳉지앙 화석은 다윈주의의 기둥을 허물고 있다, 그 말이에요. 다윈주의자들이 그 전 단계 화석이 있을 것이라고 생각하고 또 믿고, 그렇게 찾아다니고 또 찾아다녔는데 절망적으로 찾지 못한 것입니다.

뭐 좀 찾은 게 조금씩은 있습니다. 그런데 이게 과학적으로 이전 단계로 확실하게 얘기할 수 있는 것은 없습니다. 한 가지 딱 있는데 그게 뭐냐하면, 에디아카라(Ediacara) 생물군이라는 것입니다. 오스트레일리아, 호주지요. 호주에서 발굴된 캄브리아기 이전의, 뭔가가 발굴이 됐어요. 디킨소니아, 래미아나, 스프리기나 뭐이런 등등의 생명체가 발굴이 되긴 됐는데, 이것이 사실은 뭐 식물인지 동물인지 잘 모르는 애매한 것인데, 이게 전단계의 화석이다. 여기에서부터 이렇게 됐다. 다윈주의 진화론자들이 그렇게 주장하고 싶어하는데, 지금 대다수의 학자들은 무리다. 무리라고 생각합니다. 억지로 그렇게 맞추고 싶어하는 분들이 있긴 하지만, 대다수의 권위 있는 학자들 그건 심각한 무리수라고 생각합니다. 이유는 연결시킬 수 있는 구체적인 고리가 거의 없기 때문입니다.

다윈주의를 파괴시킬 수 있는, 다윈주의의 기둥을 흔들 수 있는 아주 중요한 진실이 있습니다. 고아 유전자입니다. 그러니까 캄브리아기에 등장하는 모든 생명체의 유전자가 고아 유전자인 것입니다. 부모가 있어서, 거기에서 뭔가 와야 하는데, 그 선조를 찾을 수 없는 갑자기 등장한 유전자들, 갑자기 등장한 유전자가 폭발한 것입니다. 고아 유전자가 어디서 왔느냐? 진화론의 문제에 있어서, 진화의 단계마다 뭔가 이렇게 뛰는(jump) 곳마다 고아 유전자가 계속 등장하는데, 이 고아 유전자의 출처를 설명할 수가 없어요. 다윈주의자들은 시간이 흐르면, 데이터베이스가 많아지면, 고아 유전자의 출처를 찾아낼 수 있을 것이다. 옛날에는 그렇게 얘기를 했습니다. 그런데 세월이 흐르면서, 그 데이터베이스가 더 많아지면서, 고아 유전자의 수가 더 많아진 것입니다. 진화론자들이 기대하는 것과는 반대로 가고 있는 것이죠.

마지막으로 남아 있는, 캄브리아기에 대한 진화론자들의 변명이 뭐냐 하면, 이 캄브리아기에는 좀 딱딱한 놈들이 등장했는데, 말랑말랑한 것들은 화석으로 안 남아 있기 때문에, 실제로 그 전에 그런 것들이 많이 있었는데, 그게 말랑말랑해서 화석으로 남아 있지 않은 것 뿐이다. 그래서 우리의 눈에는 캄브리아기에 와서 생명체가 대폭발한 것 같이 그렇게 보이는 것뿐이다. 이렇게 주장을 합니다. 어떤 분에게는 이 주장이 맞는 것처럼 느껴지나 봐요. 그런데 아니에요. 말랑말랑한 것들도 다 발굴이 됐어요. 캄브리아기의 생명체 화석들을 살펴보면, 그 캄브리아기에 속해 있는 그 생명체 가운데도 말랑말랑한 것들이 굉장히 많고, 시아노 박테리아라는 것이 있는데, 이 시아노박테리아는 삼십사억 오천만 년 전에 있었던 것인데, 이게 퇴적암에서 화석이 발견되었습니다. 그러니까 말랑말랑 정도가 아니고 지극히 작은 점 같은 것도 삼십사 억 년 전의 것도 발견이 되고 있는 것이에요. 여러분, 어떤 생각이 드십니까? 캄브리아기의 생명체 대폭발은 진화론의 기둥을 허물고 있는 엄청난 사건입니다.

## 4. 도킨스(R. Dawkins)의 진화론의
##    심각한 오류와 허구

오늘의 주제는 '도킨스 진화론의 심각한 오류와 허구' 입니다. 리차드 도킨스(Clinton Richard Dawkins)는 오늘날 무신론적 과학의 대표적인 인물입니다. 다윈의 진화론의 오늘의 계승자로 세계에 널리 알려져 있는, 세계에 가장 영향력 있는 무신론자라고 볼 수 있어요. 이분이 많은 책을 썼지요. 『이기적 유전자』, 『만들어진 신』『눈먼 시계공』, 『지상 최대의 쇼』, 하여간 책들이 많습니다. 전부 다 진화론을 이야기하는, 그리고 철저하게 창조론을 파괴시키는 이 도킨스의 책만 읽으면 고등학교 때까지 열심히 신앙생활 했던 젊은이들도 신앙을 잃어버리게 됩니다. 저도 읽어봤어요. 이게 정말 신앙이 왔다 갔다 왔다 갔다 할 정도로, 어떤 책을 읽으면 정말 맞는 것이 아닐까? 이런 생각이 들 정도로 이분이 쉽고 대중적으로 글을 쓰는 경향이 있어서 영향력이 매우 큽니다. 대단히 전문적인 글을 쓰셨으면, 무슨 내용인지 몰라서 읽어도 영향도 없을 텐데, 이분이 일반 대중들의 관점, 소위 눈높이를 잘 알아서 설득력 있는 글을 써서 넘어가기가 아주 쉽습니다.

그런데 제가 이 도킨스의 책을 읽고 또 읽고, 그리고 창조와 진화에 관련된 수많은 글들을 읽고, 또 논문을 읽고 난 뒤에 지금에 와서 확실하게 느껴지는 답은 무엇이냐 하면, 도킨스 진화론은 오류와 허구로 가득 차 있다는 것입니다. 도킨스의 진화론이 오류와 허구로 가득 차 있다. 다윈의 진화론이 영국 사회에 알려지고, 그 영향이 퍼져나가고 있을 때, 영국 캠브리지(Cambridge) 대학의 아주 유명한 교수님이셨던, 천체물리학자이십니다, 프레드 호일(Fred Hoyle)이라는 분이 이 친화론에 대해서 평가를 하기를, 영어로 '오포투니즘'(Opportunism)이라고 말했습니다. Opportunism란 말의 뜻이 뭐냐 하면 편의주의. 편의주의라는 거예요. 그러니까 정확한 근거가 없이 편의적으로 적당히 추론해서 답을 내버리는 것을 의미합니다.

과학자가 해야 할 일은 대단히 엄밀하게 철저하게, 스텝 바이 스텝으로 논리적으로 전개해야 하는데, 확실하고 엄밀한 과학적 증거들을 기초로 해서 논리가 전개되어야 하는데, 그러지 아니하고 그냥 확 뛰어넘어가 버리는 이것이 편의주의라는 거예요. 우리가 이 편의주의를 좀 더 쉽게 이해하기 위해서 예를 들어서 설명해

드리면, 어떤 청년이 빨간색 옷을 입고 걸어 갈 때에, 그 청년을 보고 너 공산주의자다 이렇게 해서 잡아다가 감옥에 집어넣으면, 이게 일종의 편의주의적인 행동을 한 것입니다. 물론 공산주의자여서 빨간색 옷을 입고 걸어 갈 수도 있지요. 그런데 아닐 가능성이 압도적으로 많잖아요. 자기 여자친구가 빨간색을 좋아해서 그래서 빨간색 옷을 입을 수도 있고, 기분이 좀 우울해서 옷을 빨간색 옷이라도 입고 한번 기분을 좀 바꿔야 되겠다. 이렇게 생각하고 빨가색 옷을 입을 수도 있지요. 그러니까 이 청년이 공산주의자여서 그 빨간색 옷을 입었을 가능성은 사실은 별로 많지가 않아요. 그런데 가능성도 별로 없는 것을 근거로 해서 너는 공산주의자다. 그런데 비슷한 편의주의가 지금 이 도킨스 진화론 속에 아주 강하게 존재하고 있다, 그 말이에요.

도킨스가 쓴 글 안에서 제가 하나 발췌한 글을 여러분들에게 말씀을 드리겠습니다. 기린의 목은 단 한 번의 돌연변이로 갑자기 나타날 수가 있다는 주장입니다. 이것은 『리처드 도킨스의 진화론 강의』라는 이름으로 번역이 되어 있는 책 속에 있는 내용입니다. 이 책은 2016년 미래창조과학부 인증 우수과학도서인데 그곳에 나오는 것입니다. 기린이 목이 길잖아요. 기린의 목이 이렇게 긴데, 도킨스가 한 말이 뭐냐하면, 단 한 번의 돌연변이로 갑자기 이렇게 길어진다는 것입니다. 도킨스의 글을 읽으면서 이분이 진짜 생물학자일까? 의심이 들었어요.

옛날에 생물학에 대해서 잘 모를 때는, 아~ 배아세포에서 하나가 바뀌면 또 주변의 것들이 막 바뀌어서 이렇게 될 수도 있겠구나라는 생각도 했습니다. 도킨스가 주장하는 말을 보면, 오카피라는 동물에서 기린이 진화했을 가능성이 많다고 합니다. 오카피라는 동물이 아마 기린하고 생물학적으로 보면 같은 과에 속하는, 그래서 여기에서 이렇게 됐을 것 같다고 생각한 것 같습니다. 그런데 그것을 설명하면서 특별한 일이 아니라는 거예요. 요렇게 조금 요렇게 변화가 일어나면 이렇게 된다는 것입니다. 오카피에서 한 두개 유전자가 변화하면 정말 기린이 될까요?

또 무슨 글을 썼느냐 하면 눈에 대해 글을 썼습니다. 눈이 얼마나 복잡합니까? 눈 때문에 정말 늘 토론이 되잖아요. 이 눈이 갑자기 등장하면 그것은 창조된 것이지 진화된 것은 아니라는 결론이 납니다. 이유는 눈과 같이 매우 복잡한 것이 물질이 진화해서 갑자기 생길 가능성이 거의 없기 때문입니다. 그런데 눈이 진화된 것인데, 눈이 옛날에 무언가를 감지하는 작은 세포였는데, 그게 점점 긴 세월이 흘러서, 10억년 세월이 흘러서 이렇게 눈이 됐다. 뭐 이렇게 얘기를 하면, 여러분들 가운데 그래도 약간 납득이 되는 분들이 있을 것입니다. 그런데 50만 년 만에 눈이 탄생한다는 것입니다. 50만 년 만에 어떻게 눈이 탄생할 수 있을까? 정말 50년 만에 눈이 탄생할 수 있을까요? 50만 년 만에 눈이 진화적 방법으로, 돌연변이와 자연선택이라는 방법으로, 탄생하려면 기적적인 일이 천문학적으로 계속 일어나야 할 것입니다.

도킨스가 50만 년 만에 눈이 진화적 방법으로 탄생할 수 있다는 무리수를 언급한 것은 그동안 화석의 발견으로 눈의 진화가 수억 혹은 10억을 넘는 긴 세월이 아니라는 것이 확실히 밝혀졌기 때문입니다. 화석이 계속 발견되면 창조론이 무너지고 진화론이 입증될 것이라는 그동안의 일반적인 전제가 무너지고 있습니다. 오히려 화석이 발견될수록 진화론은 위기에 처하고 있습니다. 눈과 관련된 화석의 발견은, 눈이 탄생하는데 시간이 오래 안 걸렸음을 입증하고 있습니다. 지금 현재 새로운 과학적 발견에 의하면 눈이 탄생하는데 길게 잡아도 600만 년 내지는 1000만 년, 그 정도밖에 걸리지 않았다는 것입니다. 눈의 탄생은 하나님의 창조를 상당 부분까지 암시하는 과학적 증거입니다. 이 짧은 기간 동안 진화적 방법으로 눈이 탄생하는 것은 실질적으로 불가능합니다. 더욱 유념해야 하는 것은 진화 계통수가 전혀 다른 척삭동물에 존재하는 카메라 눈과 연체동물에 존재하는 같은 카메라 눈의 존재입니다. 카메라 눈이 척삭동물에 존재하는 것만으로도 천문학적인 기적이 일어난 것인데, 어떻게 진화 계통수가 전혀 다른 연체동물에도 똑같은 카메라 눈이 존재할 수 있을까요?

　이 모든 것들은 하나님의 창조를 상당 부분까지 암시하고 있습니다. 그런데 도킨스는 짧은 시간 만에 눈이 탄생했다는 것을 얘기하기 위해서, 렌즈처럼 생긴 물체가 자연적으로 생기는 일은 그리 어렵지 않다는 것입니다. 오래되고 반투명한 젤리 상태의 덩어리는 둥근 모양이기만 하면, 그것이 무언가 감지하기 시작하면 갑자기 진화가 일어나고 바늘구멍 같은 눈이 되고, 곧바로 바늘구멍 같은 눈이 개선되고 변화된다는 것입니다. 지금 말씀드리는 것은 책에 나와 있는 내용을 그대로 지금 인용을 한 것입니다. 감지하는 무슨 세포가 있으면, 이렇게 젤리 같은 게 있으면, 이것이 갑자기 이렇게 진화가 막 일어난다. 저는 이런 것이 도킨스 진화론의 '오포투니즘'(Oppotunism), 편의주의라고 생각합니다. 이것은 과학의 엄밀성이 결여되어도 보통 결여된 것이 아닌, 어마어마하게 과학적 엄밀성이 결여된, 완전히 이것은 편의주의적 발상입니다. 도킨스의 진화론은 거짓입니다. 도킨스에게는 너무나 유감스러운 화석의 발견이 이루어졌고, 눈의 탄생이 너무나 짧은 기간 안에 이루어졌다는 과학적 발견은 도킨스를 갈팡질팡하게 만들었고, 초등학교 학생들도 납득이 어려운 무리한 설명을 하게 만들 것입니다.

　기린의 목이 이렇게 유전자 하나에 변화가 일어나서 목이 길어졌다. 그러면 어떻게 됩니까? 진짜 목이 길어집니까? 목이 이렇게 길어지려면 유전자 하나만 변화해서 목이 길어지는 것이 아닙니다. 이 뼈에 관계되는 유전자들이 엄청 많습니다. 뼈만 이렇게 길어지면 됩니까? 옆에 피부도 길어져야 하지 않습니까? 피부와 관련되는 유전자가 또 얼마나 많겠어요. 속에 있는 피부도 있고 겉에 있는 피부도 있을 것 아닙니까? 겉에 있는 피부가 있고 거기에 털도 달려 있고 그것과 관련되는 유전자들, 그리고 혈관도 있잖아요. 그 혈관과 관련되는 유전자들, 그것뿐입니까? 이 목이 움직이고 할 때, 이게 다 뇌에서 어떤 정보를 주고 이렇게 연결되이 신경망에 다 있는데 그 신경망에 다 변화가 일어나야 하고, 뇌 안에 있는 세포도 변화가 일어나야 하고, 그리고 목이 길어지면 이 무게가 엄청나게 커지잖아요. 그러면 이 허리뼈에 또 문제가 생깁니다. 다리 뼈에도 문제가 생겨요. 이렇게 큰 목을 지탱하려면, 이 허리뼈가 훨씬 더 커져야지요. 훨씬 더 커진 그것을 지탱할 수 있는 어떤 것을, 그러니까 여기 허리 뼈에도 변화가 일어나야 되고, 다리 뼈에도 변화가 일어나야 하고, 심장도 마찬가지잖아요. 이 심장도 옛날에 이만 할 때에 적응된 심장이, 이렇게 커지려고 하면 여기도 엄청난 변화가 일어나야 하고, 이것들이 한꺼번에 다 변화가 일어나야 하는데, 그래서 대개 변화가 일어나면 다 죽어요. 변화가 일어나면 긍정적인게 없습니다. 긍정적이지 않은 이유는 생명체가 정교하게 조율되어 있기 때문입니다. 어떻게 유전자 하나 변화가 일어나서 간단하게 오카피가 기린이 될 수 있겠습니까? 도킨스는 이런 무리한 설명으로 진화론을 옹호하면 안 됩니다.

돌연변이가 긍정적일 가능성은 거의 없다고 그러잖아요. 해롭습니다. 도킨스의 무리한 주장이 틀렸다는 아주 중요한 실험, 초파리실험이 있어요. 초파리실험을 여러분들께서 기억하시는 것도 중요합니다. 초파리 유전자를 변화시켜서, 초파리는 날개가 두 개입니다, 그런데 날개 네 개를 만들었어요. 두 개인 초파리 보다 네 개인 초파리가 훨씬 더 좋아 보이잖아요. 어떻게 보면 더 강한 초파리를 만들어 놓은 것이지요. 그런데 놀랍게도 날개를 네 개로 만들어 놓으니까 초파리가 날지를 못하는 것입니다.

날지 못하는 초파리에요. 무능한 초파리가 되어버렸습니다. 유전자를 조금 변화시켜서 날개 두 개를 더 만들고 이렇게 전화를 하면 되겠다. 그게 아니에요. 날개가 두 개였던 것을 네 개로 만드니까 날지 못하는 것입니다. 왜 날지를 못하냐 하면 날려면 날개만 있으면 되는 것이 아니에요. 여기에 근육도 있어야 하고 신경도 있어야 하고 혈관도 있어야 하고 한꺼번에 모두 정교하게 변해야 하는 것들이 굉장히 많습니다. 여러분, 세포 하나가 그렇게 복잡한데, 이게 다 변하려면 얼마나 많이 변해야 되겠어요. 간단히 유전자 한 개를 이렇게 바꾸어서, 두 개의 날개가 있는 것을 네 개로 만들어 놓으면 될 것이다. 이것이 바로 편의주의 입니다. '오포투니즘'(Oppotunism) 이에요. 우리가 화석을 연구해 보면 아래 단계에서 위 단계로 올라가고 또 위 단계에서 또 위 단계로 올라가잖아요. 이것들은 돌연변이와 자연선택을 통해서 일어난 게 아니에요. 우연히 그렇게 될 가능성은 없습니다. 그것은 하나님의 계속적 창조 사역이에요. 하나님의 계속적 창조사역이 아니면 이 복잡한 문제에 대해서 바른 답을 내릴 수가 없습니다.

## 5. 첨단과학이 발견한 진화론의 무서운 오류

오늘의 주제는 '첨단 과학이 발견한 정보문제에 부딪혀 무너지고 있는 진화론' 입니다. 진화론이 정보문제에 부딪혀서 무너지고 있어요. 그리고 그것과 연결돼서 시간문제에 부딪혀서 무너지고 있어요. 많은 분들은 '진화론의 힘이 시간이다.' 이렇게 생각을 합니다. 눈과 같이 이렇게 복잡한 것이 갑자기 생길 수 없지만, 갑자기 생겼다면 그것은 하나님이 창조한 것이 맞겠지만, 10억년 이렇게 긴 세월동안 스텝 바이 스텝으로 조금씩 조금씩 창조가 되었다면 납득할 수가 있다. 그러니까 진화론의 가장 큰 무기는 시간인데 정보와 시간문제에 부딪혀서 진화론이 붕괴하고 있습니다.

인간의 게놈(Genome)문제, 인간의 게놈이 30억 개가 넘는다고 그러잖아요. 30억 개가 넘는 인간의 게놈. 옛날에는 그 인간의 게놈 가운데 한 2% 정도만 유전에 관련되어 있다고 생각을 했어요. 그래서 나머지는 정크(Junk) DNA다. DNA 안에 쓸모없는 쓰레기. 아무 가치 없는 게 이렇게 많은 이유는 진화가 되었기 때문에 그런 것이다. 우연히 진화가 되었기 때문에 쓸모 없는 것도 많이 생겨났다. 이 정크 DNA를 근거로 해서 창조론을 공격했던 무신론적인 생물학자들이 많이 있었어요. 그런데 시간이 흐르면서 지금 상황이 완전히 바뀌어 버렸습니다. 그 정크 DNA라고 하는 것이 지금 현재 벌써 80% 이상 유전에 관련하고 있다는 것이 과학적으로 확인이 되고 있어요. 아마 거의 다가 아닐까 생각을 합니다.

이 30억 개가 넘는 게놈이 짧은 시간에 진화를 할 수가 있었느냐 하는 문제가 발생합니다. 게놈을 연구해 보면, 그 네 개의 물질이 이렇게 서로 배열이 되어 있어요. 학자들이 아데닌(Adenine)

을 A라고 표현을 하고 시토신(Cytosine)을 C라고 표현을 하고 구아닌(Guanine)을 G로 표현을 하고 티민(Thymine)을 T로 표현을 합니다. 그래서 ACGT가 이렇게 순서를 맞춰서, ACGT가 그렇게 정확하게 배열이 돼야 하는데 그게 A4 용지 한 장에 1,000자가 들어간다고 생각하면, 이것을 계산한 분의 주장에 의하면, A4 용지가 300 미터 높이로 쌓여야 합니다. 여러분 한번 생각해 봐요. 그 ACGT, 여러분이 문자를 칠 때 그냥 막 치면 그게 의미 있는 게 됩니까?

실험을 한 게 있어요. 원숭이 여섯 마리가 6개월 동안 타이프라이트를 치는 실험입니다. 원숭이가 얼마나 재미있겠습니까? 원숭이는 그런 거 좋아하니까. 그냥 막 6개월 동안 타이프라이트를 쳤는데, 여섯 마리의 원숭이가 6개월 동안 타이프라이트 쳤는데도 의미 있는 문장 하나 제대로 안 나오더라 그 말이에요. 그렇게 문장 하나 만들어지는 것도 어렵습니다. 'I Love You' 이 문장 하나도 안나와요. 'I Love You' 이 문장 하나가 나오려면 누군가가 'I Love You'가 뭔지를 알고 있는 그런 정보를 가지고 있는 어떤 존재가 'I'를 치고 그다음에 칸을 띄우고 그 다음에 'Love'를 치고 칸을 띄우고 'You'를 치고, 마지막 이렇게 마침표를 찍어야 되는 거예요. 그런데 이게 우연히 될 가능성이 없습니다.

우연히 될 수 있을까요? 그러면 어쩌면 어마어마한 시간이 걸릴지도 몰라요. 제가 혼자 생각을 해 봤어요. 그냥 A4 용지 천 매 되는 어떤 소설 한 권, 이 소설이 우연히 만들어질 수 있는 가능성이 어느 정도 될까? 막 그냥 제멋대로 배열을 했을 때, 아무래도 안 될 것 같아요. 어쩌면 100억 년의 세월이 지나도 안 될지 몰라요. 그 A4 한 페이지 한 페이지의 소설이 만들어지는 것, 우연히 잘 되었다고 생각을 해서 1억 년 만에 A4 용지 하나의 소설의 작은 부분 하나 생겼다. 100억 년 만에 이 소설 하나 생기겠어요? 1000억 년 이 흐르면 가능할까요?

이 지구의 역사가 얼마입니까? 45억 에서 46억 년이라 그러잖아요. 소설 책 하나 만들어지는데 1000억 년으로도 부족할 것입니다. 3만 권의 책이 만들어지려면 얼마나 세월이 걸려야 되겠어요. 사람의 게놈과 사람의 신체가 우연히 생기려면 지구의 역사로는 해결이 안 돼요. 그런데 사람보다 월등히 많은 게놈을 가진 식물들이 많습니다. 꽃피는 식물은 1000억 개가 넘는 게놈을 가지고 있습니다. 138억 년 전에 시작된 빅뱅부터 시작해도 그 역사를 다 합쳐도 꽃 피는 식물의 게놈을 못 만들어냅니다. 우연히, 돌연변이를 해서 이게 얼마나 맞지 않은 말인지, 138억 년을 그곳에 대입을 해도, 그게 만들어지지 않아요.

세포 안에는 세포를 구성하는 아미노산이 있습니다. 그런데 아미노산은 스무 개의 서로 다른 아미노산이 있습니다. 가장 간단한 세포, 어쩌면 최초의 세포일 수 있는, 가장 작은 단위의 세포에도 아미노산은 250개가 있습니다. 이 250개가 정확하게 배열이 돼야 돼요. 그러니까 아미노산도 A,B,C,D,E,F, 이렇게 스무 개의 다른 종류의 아미노산 있는데, 이게 제대로 정확하게 배열이 되려면 얼만큼의 정보가 필요하냐 하면, 20의 250승의 정보가 필요한 거예요. 20의 250승의 정보는 어디에서 왔을까요? 그런데 자연적으로 생기는 아미노산은 언제나 L형과 D형이 함께 생깁니다. 생명체에는 L형만 필요합니다. L형만 배열되어야 하는데 중간에 D형이 끼어들면 생명체는 존재할 수 없습니다. 20의 250승으로도 안됩니다. 다시 2의 250승의 정보가 요구됩니다. 결국 20의 250승을 다시 2의 250승을 곱한 정보가 있어야 합니다. 아미노산 배열뿐만 아니라 그 안에 존재하고 있는, 세포 안에 존재하고 있는 모든 것의 정보들을 계산을 해 보니까, 제임스 투어(James Tour)에 의하면, 10의 790억 승의 정보가 필요하다는 것입니다. 46억 년 지구의 역사, 138억 년의 우주의 역사, 그걸로는 전혀 해결할 수가 없는 어마어마한 정보가 필요하다는 그 말이에요.

지금 진화론이 무너지는 것이 이 DNA, RNA 세포 속에 들어 있는 분자생물학 때문이라 그러잖아요. 분자생물학이 발전하면서 세포 안에 존재하는 엄청난 정보를 발견했어요. 이 엄청난 정보가 어디에서 왔을까? 이 엄청난 정보는 다윈주의의 돌연변이 자연선택의 메커니즘으로서는 설명이 안 되는 정도가 아니에요. 완벽하게 설명이 안 되는 이 엄청난 정보가 어디에서 왔을까? 정보가 뭡니까? 성경에 하나님의 말씀으로 세상을 창조했다고 그렇잖아요. 말씀이 정보잖아요. 하나님의 말씀이 이 모든 것을 만들어 내는 정보의 근원입니다.

사람의 게놈하고 꽃피는 식물의 게놈을 비교해 보면 우리는 사람의 게놈이 월등히 많을 것이라고 생각하는데 아니에요. 꽃피는 식물의 게놈은 무려 천억 개가 넘습니다. 천억 개. 이 식물의 존재가 어마어마한 미스터리에요. "Abominable Mystery"라고 합니다. "Abominable Mystery"라는 표현은 찰스 다윈(Charles Darwin)이 쓴 표현입니다. "Abominable Mystery"라는 말의 뜻이 뭐냐 하면은 지극지긋한, 진짜 구역질 나는, 너무나도 싫은 미스터리가 식물의 출현이라는 거예요. 꽃 피는 식물, 이런 것들. 다윈이 이것을 알았어요. 그런데 자기가 가지고 있는 그 진화론의 메카니즘으로는 이게 설명이 전혀 안 된다 그 말이에요.

지금까지는 "캄브리아기의 생명체 대폭발", 다윈이 웨일즈 지방에서 그 캄브리아기의 화석들을 연구하면서 이 캄브리아기에 이렇게 많은 생명체가 갑자기 등장한 것을 내가 가지고 있는 진화론으로는 도저히 설명할 수가 없다. 내 후대의 사람들이 설명해 줬으면 좋겠다 이렇게 말한 것으로 알고 있습니다. 다윈이 설명 못 한 것이 그거 하나인 줄 알고 있는데 아니에요. "Abominable Mystery", 이 골치 아픈 미스터리 그게 식물이에요. 식물. 꽃 피는 식물이 갑자기 생겨난 것이 약 1억 3천만 년 전, 뭐 그때쯤으로 봐요. 지금으로부터. 그런데 그 짧은 기간 동안, 막 그냥 엄청난 생명체가 폭발적으로 나타나는데, 천억 개의 게놈이 그 짧은 시간 동안 어떻게 돌연변이를 통해서 다 만들어질 수 있겠어요. 지구의 역사 46억 년을 대입해도 잘 안 될 것 같고 우주의 역사 138억 년을 대입해도 안 될 것 같아요.

정보와 시간 문제에 부딪혀서 진화론이 엄청난 곤경에 빠져 있습니다. 저는 정보와 시간문제에 부딪혀서 진화론이 붕괴되고 있다 이렇게 생각합니다. 새로운 생명체가 등장할 때마다 상상을 초월하는 정보가 필요합니다. 이 정보는 지적인 존재를 통해 오는 것입니다. 과거 286 컴퓨터에서 386 컴퓨터로 발전해서 오늘의 최첨단 컴퓨터까지 온 과정을 생각해 보시기 바랍니다. 우연히 돌연변이로 일어난 것일까요? 지적인 존재인 사람이 새롭게 창조한 것 아닙니까? 유사한 것이 변화할 때도 높은 지성의 창조적 사역이 그곳에 있습니다. 하물며 새로운 것이 등장할 때는 말할 것도 없을 것입니다.

진화론은 생명체 속에 존재하는 정보를 설명해내지 못합니다. 정보는 중력이나 전자기력 같은 자연 속에 있는 힘이 만들지 못합니다. 중력과 같은 자연법칙이 생명체의 정보의 근거일 것이라고 아직도 가냘프고 힘 없게 주장하는 무신론적 과학자들이 있습니다. 정보가 어디서 왔는지 찾을 길 없기 때문에 중력과 같은 자연법칙에 마지막 기대를 걸고자 하는 것이지만, 아직 어떠한 학문적인 증거를 찾지 못하고 있습니다. 토네이도가 불어오면 고물 야적장에서 보잉 747기가 우연히 생겨날까요? 보잉 747기는 높은 지성이 가진 정보에 의해 설계도가 만들어지고, 그 설계도에 따라 만들어진 것입니다.

# V. 무신론의 도전을 극복하는
## 창조론의 새로운 시각

### 1. 역사 속의 신정론의 문제:
### 세월호의 비극은 누가 일으켰을까?

오늘의 주제는 '세월호의 비극은 누가 일으켰을까?' 입니다. 세월호의 비극을 누가 일으켰을까? 이것은 상당히 파퓰러(Popular)한 의미로 제가 제목을 얘기한 것이고 실질적이고 학문적인 제목은 '역사 속의 신정론의 문제' 입니다. 하나님께서 창조하실 때 모든 피조물에게 자유를 주셨어요. 우리는 눈에 보이는 피조물만 있다고 생각하는데, 눈에 보이지 않는 피조물들도 많습니다. 성경에 보면 천사, 마귀 등 많은 영적인 존재들도 있습니다.

세월호 참사가 일어났을 때, 장신대에 대자보가 붙었습니다. 그런데 그 대자보 안에 심각한 신학적인 질문이 있었습니다. 그 아이들이 죽어갈 때에, 하나님은 어디에 계셨습니까? 왜 그와 같은 일들을 허락하셨습니까? 그런 내용이었습니다. 신정론의 문제지요. 이 세상의 비극이 왜 생겼느냐? 우리는 이 세상의 비극을 보면 하나님 어떻게 이렇게 하셨느냐? 이렇게 바로 그것을 하나님께서 행하셨다. 이렇게 그냥 연결하는 경우가 많은데 조금 더 자세하게 살펴볼 필요가 있어요.

이 세상을 이끌어가는 주체는, 크게 4개의 중요한 주체가 있어요. 첫째는 역사의 주인이신 하나님이 계시고 둘째는 인간이 있습니다. 인간이 또 하나의 주체입니다. 인간에게 자유가 있어요. 인간이 심각하게 많은 문제를 일으킵니다. 역사는 인간의 악의 역사라고 해도 과언이 아닐 정도로 심각한 악으로 말미암아 일어나는 비극이 엄청나게 많습니다. 자연도 자유가 있어요. 자연이 또 하나의 주체입니다. 하나님께서는 자유의 신이셔서 이 피조물에게 자유를 주셨어요. 동물들도 자유롭게 뛰어놀고, 토끼도 자유롭게 뛰어놀고 노루도 자유롭게 뛰어놀고 길에서 보게 되는 나무 한 그루도 똑같은 게 하나도 없습니다. 전부 다 자유롭게 자라고 있어요. 그런데 그 자유로운 세상이 진짜 아름답습니다. 하나님께서는 자유의 세계를 원하시고 계십니다. 영적인 존재들도 자유가 있습니다. 영적인 존재들도 하나의 주체입니다. 천사가 타락하는 것도 타락할 수 있는 주체이기 때문입니다. 성경에 보면 그 타락한 천사의 이야기들이 많잖아요. 영적인 존재들이 이 세상에 존재하는 인간, 인간의 죄악과 연결해서 심각한 문제들을 많이 일으킵니다.

아우슈비츠(Auschwitz)의 비극을 누가 일으켰을까? 여러분, 아우슈비츠라는 곳은 옛날, 히틀러(A. Hitler)가 유대인 600만 명을 학살한 곳 중에 가장 많이 학살한 곳입니다. 히틀러가 아우슈비츠, 다하우(Dahau), 베르겐 벨젠(Bergen Belsen), 이런 수용소에서 유대인 600만 명을 학살해요. 왜 하나님이 계시는데 이 어마어마한 학살이 일어났느냐? 여러분 누가 학살을 했을까요? 히틀러가 했지요. 그리고 히틀러의 세력들이 그 악한 일을 한 것입니다. 그런데 그 뒤에는 누가 있을까요? 마귀가 존재하고 있어요. 요한복음 8장 44절을 보면 '마귀는 처음부터 거짓말하는 자요' '마귀는 처음부터 살인자라' 예수님께서 마귀가 하는 결정적으로 중요한 것을 거기에 언급하셨어요. '거짓말하는 자다.' 무신론 배후에는 마귀가 있지요. '살인자라', 전쟁이 일어나고 증오심이 들끓고 살인과 죽음의 역사가 일어날 때 그 뒤에는 살인의 영인 마귀가 존재하고 있는 것입니다.

세월호 참사를 누가 일으켰을까? 악한 자들을 일으켰지요. 그런데 그 뒤에는 또 무엇이 있을까요? 살인의 영, 마귀가 존재하고 있지요. 이 세계에 이렇게 심각한 악에도 불구하고 하나님께서는 이 세계를 구원하시고, 이 세계를 새롭게 하시고 이 세계를 아름답게 하시는 일을 끊임없이 하고 계십니다. 이 어두운 세상 속에 하나님께서는 성령의 사람들을 불러일으키셨잖아요. 마르틴 루터 킹 (M. L. King Jr.) 목사의 유명한 연설, 'I have a dream'이 있습니다. '나에게는 하나의 꿈이 있습니다'라는 연설입니다. "저 조지아의 붉은 언덕 위에" "옛 노예의 자손들과 노예주의자들의 자손들이" "형제적 사랑으로 식탁을 함께 하는 꿈을 꿉니다." 저는 마르틴 루터 킹 목사의 그 연설 속에 성령의 음성이 들어있었다고 생각합니다. 윌슨(Thomas Woodrow Wilson) 대통령께서 '민족자결주의'를 외치면서 식민지를 없애라고 외치지 않았습니까. 그 민족자결주의를 위한 목소리 안에도 성령의 음성이 들어있었던 것입니다.

자연의 역사 속에도 어둠이 있어요. 그러나 그 어둠을 뚫고 하나님께서는 무엇을 하고 계시느냐? 새역사를 창조하고 계십니다. 그리고 종국적으로는 새 하늘과 새 땅을 향해서 나아가고 계시죠. 박근혜 대통령 시절에 국무총리 후보로 올랐던 분이 계세요. 아주 신앙이 좋으셨던 분인데 보수적인 논객이시기도 하고, 그분의 성함은 얘기 안 하는 게 더 좋을 것 같아요. 그런데 그분이 공격을 많이 받게 돼서 국무총리를 결국에는 못하게 됩니다. 그런데 무엇 때문에 공격을 많이 받으셨는가 하면 일제 35년의 식민지역사가 하나님의 뜻이다. 교회에서 그런 강연을 하신 것 때문에 이게 문제가 심각해졌어요. 이분은 역사관이 이상한 사람이다. 아니, 일제 식민지 35년의 그 비극을 하나님의 뜻이라고 얘기하는 이상한 역사관을 가지고 있는 분이 어떻게 이 나라의 국무총리가 될 수가 있느냐? 그래서 결국 그 분이 총리가 못 되는 비극을 맞이하게 되었습니다. 그분이 배웠던 교회에서의 신앙, 그 신앙이 문제를 일으켰다고 생각을 합니다. 교회가 여기에 대해서 정확하게 안 가르쳐줘서 일어난 일이라고 저는 생각했습니다.

식민지의 비극의 역사는 악한 자들이 한 것이에요. 그건 철저하게 악한 자들이 행한 것입니다. 35년 동안 악한 자들이 그 엄청난 악을 행하고, 악한 자들과 함께 마귀가 엄청난 악을 행하였음에도 불구하고, 그 안에는 하나님의 놀라운 구원의 역사가 활동하고 있다는 의미예요. 창세기 50장 20절을 보면 요셉이 자기를 팔아먹은 형님들을 앞에 두고 대단히 중요한 말을 하는데 "당신들은 나를 해하려 하였으나 하나님은 그것을 선으로 바꾸사 오늘과 같이 만민의 생명을 구원하게 하셨다"고 말하고 있습니다. 동생을 죽이려 하고, 애굽 땅에 노예로 판 형들의 행위는 정말 악한 것이었습니다. 그것을 하나님의 뜻이라고 하면 안 됩니다. 그런데 형들의 그 악행에도 불구하고 하나님께서는 요셉과 함께 하셨다는 것입니다. 그리고 마침내 그 형들의 악행을 선으로 바꾸셨다는 것입니다. 만민의 생명을 구원하는 엄청난 일이 일어나게 되었다는 것입니다.

세상에는 엄청난 악이 있고 비극이 있습니다. 그 악과 비극이 하나님 없음의 근거가 아닙니다. 그리고 그것들이 하나님께서 행하신 일들도 아닙니다. 그런데 그 악과 비극 속에서 악을 선으로, 비극을 기쁨으로 바꾸시는 하나님이 놀라운 역사가 있습니다. 그리스도의 십자가는 그 악과 비극 속에 하나님께서 함께 계신다는 것의 계시입니다. 그리고 그리스도의 부활과 하나님 나라는 악과 비극을 선과 기쁨으로 바꾸시는 놀라운 하나님의 사역의 계시입니다. 그리스도를 떠난 역사는 끊임없는 악과 비극의 역사입니다. 하나님은 어두운 역사에 새로운 기쁨의 역사를 만들고 계십니다.


## 2. 자연 속의 신정론의 문제:
### 하나님이 창조한 세계에 왜 혼란과 비극이 있을까?


오늘의 주제는 '우주의 비극이 무신론의 근거가 될 수 있을까?' 입니다. 유신론자들과 무신론자들이 토론을 하게 되면 무신론자들이 제기하는 질문이 있어요. 그 질문이 뭐냐하면 "인간의 역사 속에 왜 이렇게 비극이 많냐?" 그리고 또 한 단계 더 나아가서 "자연의 역사 속에도 왜 이렇게 비극적인 것들이 많으냐?" 생명 대멸종의 사건들도 일어나고 다섯 번에 걸친 생명 멸종의 사건이 있었던 것으로 현재 추정을 하고 있어요. 진화의 역사 속에 일어났던 이 비극들. 그리고 인간의 역사 속에 나타나는 비극들을 생각해 보면 '신이 없다' '사랑이 많고 전능한 신이 정말 있다면 왜 이렇게 비극이 일어나느냐?' 이것이 무신론자들이 제기하는 질문이에요. 우리는 이것을 보니까 신이 없다고 생각된다. 그분들이 그렇게 결론을 내립니다.

제가 이 문제 때문에 지난 시간에 '세월호의 비극을 누가 일으켰을까?' 라는 주제로 여러분들에게 강의를 했습니다. 하나님께서 천지를 창조하실 때 모든 피조물에게 자유를 주셨다. 왜 그러냐면 하나님께서 자유의 신이시기 때문에 그래요. 그리고 하나님께서 진짜 원하시는 것은 자유로운 인간이 하나님을 마음에서부터 정말 사랑하는, 그래서 하나님과 우리 사이에 정말 자유가 기초가 된 진정한 사랑의 사귐이 만들어지는, 그 세계를 하나님께서 원하시기 때문에, 그리고 피조물도 마찬가지예요. 뭐 토끼가 로봇으로 왔다 갔다 하면 그게 뭐가 그렇게 재밌겠어요? 그게 뭐가 그렇게 행복하겠어요? 자유로운 토끼가 자유롭게 뛰어다니고, 모든 동물들이 자유롭게 뛰어다니면서 즐거움을 맛보는 그 세계를 하나님께서 원하셨기 때문에, 하나님은 어마어마한 자유의 신이십니다. 그러기 때문에 모든 피조물에게 자유를 주셨어요.

모든 피조물에게 자유를 준 하나님의 길은 대단히 위험한 길입니다. 자유를 줬기 때문에 심각한 문제들이 수없이 일어나고 있습니다. 인간의 역사 속에서도 인간의 죄악으로 말미암아 엄청난 일이 일어나고 살인의 영인 마귀가 엄청나게 악한 일을 행하고 또 지금 무신론이 이렇게 창궐하게 되는 것도 거짓말하는 영인 마귀가 그 뒤에서 역사를 하는 것입니다. 이 자연의 역사 속에도 한계가 있고 허무가 존재하고 있지요. 자연의 역사가 상당히 아름다운 것 같은데, 좀 더 들어가 보면 허무도 있고, 뭔가 슬픈 것들이 있어요. 로마서 8장 19절을 보면 "피조물의 고대하는 바는 하나님의 아들들이 나타나는 것이니" 대단히 중요한 말씀이 기록이 되어 있습니다. 또, 로마서 8장 21절을 보면 "그 바라는 것은 피조물도 썩어짐의 종노릇하는 데서 해방되어" "하나님의 자녀들의 영광의 자유에 이르는 것이니라". 그 피조물의 허무, 인간의 허무만 있는 것이 아니에요. 피조물에게도 허무가 있다. 로마서 8장 22절을 보면 피조물이 탄식하고 이 피조물이 그 허무한 세계에서부터 벗어나서 정말 자유로운 영광의 세계를 갈망하고 있다. 그런데 그것이 메시야 왕국에서 마지막 날 완성이 되는 거예요.

　세상의 역사를 뚫고 들어오는, 자연의 역사까지 뚫고 들어오는 그리스도의 은총의 빛이 있어요. 그리스도의 죽음이 인간의 고통만 해결하기 위한 죽음이 아니고, 우주 안에 존재하고 있는 모든 슬픔과 허무를 극복하기 위한 사건이었다는 새로운 신학적 해석이 등장했습니다. 그리고 20세기 후반에 우주적 그리스도론이 많이 발전했지 않습니까. 우주의 어떤 영광스러운 미래를 향해서, 예수 그리스도의 죽음과 예수 그리스도의 부활의 사건이 있었던 것이라고 해석하는 신학입니다. 그러니까 예수 그리스도 부활에 나타나는 그 영광의 미래는 인간의 영광의 미래일 뿐만 아니라 피조물들도 연계되어 있다는 그런 의미예요. 그래서 성경에 하나님의 자녀들이 나타나기를 간절히 고대하고 있다. 그런 말씀이에요.

　우리가 메시야 왕국의 비전들을 보면 이사야 11장 6절에서 9절 사이에 "그때에 이리가 어린 양과 함께 살며 표범이 어린 염소와 함께 누우며 송아지와 어린 사자와 살찐 짐승이 함께 있어 어린 아이에게 끌리며 암소와 곰이 함께 먹으며 그것들의 새끼가 함께 엎드리며 사자가 소처럼 풀을 먹을 것이며 젖 먹는 아이가 독사의 구멍에서 장난하며 젖 땐 아이가 독사의 굴에 손을 넣을 것이니라 내 거룩한 산 모든 곳에서 해됨도 없고 상함도 없을 것이니 이는 물이 바다를 덮음같이 여호와를 아는 지식이 세상에 충만할 것임이니라". 이 성경의 말씀은 미래의 그리스도의 영광에 모든 피조물이 참여한다는 것을 말하는 것입니다.

　하나님께서 우주를 창조하실 때 미래의 메시야 왕국 그 영광의 세계를 향해서 창조했다는 그런 의미예요. 그리스도를 통해서, 그리스도 안에서, 그리스도를 향해서 창조했다는 골로새서의 말씀이 다 이것과 관련되어 있는 말씀입니다. 인간의 역사 속에 들어있는 비극, 자연의 역사 속에 들어있는 비극 때문에 하나님이 없다고 결론 내릴 수가 있느냐? 지난 시간에도 이야기했지만, 하나님은 그걸 뚫고 뭔가 새로운 세계를 만들어가는 그런 특징이 있어요. 뭔가 영광의 세계를 만들어 나가는, 인간의 역사의 진짜 주도 하나님이시고 자연의 역사의 진짜 주도 하나님입니다. 자연은 물질에 의해서 이렇게 진화된 그런 것이 아니에요. 이 자연의 역사의 진짜 주도 하나님이세요. 하나님께서 자연의 역사를 이끌어 가시는데, 자연의 역사도 굉장히 복잡합니다. 하나로 설명할 수가 없어요. 자연이 스스로 일으키는 비극도 있고, 영적 존재들에 의한 비극도 있습니다. 또한 피조물이 갖는 시간적 한계 및 존재론적인 제한성에서 오는 비극도 있습니다. 모든 피조물은 성경에 의하면 인간과 연계되어 있습니다. 인간을 비롯한 모든 피조물은 아직 영원히 살지 못합니다. 그러나 부활한 그리스도의 영광은 장차 모든 피조물의 비극이 사라지게 할 것입니다.

하나님께서 자연의 역사를 이끌어 가시는데 무신론자들은 진화론에 경도되어서 우주가 무슨 그 뒤죽박죽 제멋대로 그렇게 생겼다 그러잖아요. 그런데 그렇지 않아요. 가만히 우주를 살펴보면 '참 하나님께서 엄청나게 아름다운 우주를 만들었구나' 하는 걸 알 수가 있습니다. 옛날 빅뱅이 처음 시작할 때는 우주에 헬륨과 수소밖에 없었어요. 참 황량한 우주입니다. 정말 황량한 우주지요. 헬륨과 수소 밖에 없었던 그 황량한 우주에서 지금 엄청나게 아름다운 우주가 만들어져 있어요. 누가 이렇게 하셨느냐 하나님께서 하셨지요. 하나님의 끝없는 창조사역, 계속적 창조사역이 아름답게 빛을 내고 있는 자연의 역사를 보면 시간이 흘러가면 흘러갈수록 이게 더 아름다워지고 더 아름다워져 갔던, 그리고 마침내 인간이 탄생하고, 그리고 인간 사이에 아름다운 세계가 만들어지는 이 자연의 역사를 보면, 자연의 역사가 어떤 하늘로부터 오는 아름다운 영광을 반사하고 있는 역사예요. 자연의 역사에 있는 어떤 비극적인 것을 보니까 신이 없다. 그것은 일부를 보고 얘기하는 것에 불과해요. 오히려 전체를 볼 때 자연의 역사를 뚫고 나가고 있는 그 주된 흐름(Mainstream), 그 중심 흐름을 보면 진짜 하나님이 계시는구나 이렇게 느껴집니다.

사이먼 콘웨이 모리스(Simon Conway Morris)에 의하면 사라진 생명체들이 멸종이 되었으니까, 그것이 어마어마한 비극이라고 생각을 하는데, 그 사라진 생명체들이 실질적으로 오늘의 아름다운 세계의 근원이라는 것입니다. 그 사라진 생명체가 가지고 있는 엄청나게 중요한 것들이 미래 세계로 연결되어 있고, 오늘의 이 세계를 살펴보면 그 연관성이 잘 나타나고 있다는 말입니다. 사람이 이 땅에서 살아가는 세월도 100년 밖에 안 되잖아요. 피조물도 마찬가지예요. 새 하늘과 새 땅이 건설 될 때까지 유한한 존재는 유한한 세계 속에서의 어떤 제한된 삶을 부여받은 것입니다. 과거에 살았던 생명체들도 제한된 삶을 부여 받은 것이에요. 우리도 이 땅에 살아가지만 우리도 영원히 이 땅에서 살 수 있는 게 아니에요. 제한된 생명, 제한된 시간 속에서 우리가 기쁨을 누리고 하나님을 알고 이 세상 속에 여러 가지 것들을 경험하면서 살아가는 거예요.

하나님께서 하나님의 나라, 메시아 왕국을 건설하기 전까지는 제한된 피조물의 어떤 삶을 하나님께서 허락하신 것입니다. 그러니까 과거에 있었던 것들이 영원토록 존재하는 게 아니에요. 하나님의 어떤 깊고, 깊은 계획 속에 어떤 시점 속에 그것들이 꽃 피었다가 사라지고, 그러나 그 꽃 피었다가 사라졌던 그것들이 결국 오늘의 엄청난 아름다운 세계를 만드는 근거가 되었다는 것이 모리스라는 학자가 하신 말씀입니다. 이 피조물 속에 있는 비극이 하나님 없음의, 무신론의 진짜 근거가 될 수 있을까요? 오늘의 이 찬란한 세계를 보면 그게 아니고 하나님께서 이 세계를 정말 만드셨구나! 그런 찬송이 저절로 우러나오지 않습니까? 몰트만(J. Moltmann)은 사라진 생명체들도 미래에 완성될 하나님 나라에서 어떤 자리가 있을 것으로 추론했습니다. 우주의 역사는 그리스도 안에 있습니다. 헬륨과 수소 밖에 없던 우주는 어마어마하게 아름다운 우주로 바뀌었습니다. 하나님의 놀라운 창조사역입니다.

### 3. 다중우주론은 창조론을 파괴하는가?

오늘의 주제는 '다중 우주론은 창조론을 파괴하는가?' 입니다. 무신론자들이 다중우주론을 창조론을 파괴하는데 사용하고 있어요. 유신론을 파괴하는, '우주가 우연히 존재하고 있는 것이다.' 라는 것을 라는 것을 근거 짓기 위해서 다중우주론을 사용하고 있습니다. 유신론자와 무신론자가 토론을 하면 옛날에는 유신론자들이 논리적으로 어려움을 당하는 경우가 많았습니다만 최근에는 과학이 발전되면서 정말 하나님의 창조를 느낄 수 있는 그런 많은 것들이 밝혀졌어요. 그래서 우리 유신론자들이 하나님의 창조를 느낄 수 있는 그런 수많은 것들을 얘기하면서, 그중에 아주 중요한 것이 우주가 정교하게 조율되어 있지 않느냐? 이거는 정말 놀랍고도 놀라운 신비다. 우연히 이렇게 어마어마한 조율된 세계가 존재할 수 있는 가능성은 실질적으로 없다. 정교하게 조율된 우주에 관한 이론들을 제기를 하면 무신론자들은 대답할 말이 없잖아요.

정교하게 조율된 우주를 보면 아~ 정말 신이 있는 것 같다. 이것은 신이 아니고서는 엄청나게 놀라운 우주의 정교하게 조율됨은 불가능하다. 이 우주가 빅뱅을 시작할 때에, 로라 댄리(Laura Danley), LA에 있는 그리피스 천문대의 유명한 큐레이터 그분의 말에 의하면, 이백경 분의 일만큼 차이만 나도 이 우주는 붕괴됐다고 그러잖아요. 여러분 빅뱅에서 팽창해 나갈 때 백조 분의 일만 해도 이게 어마어마한 숫자인데 이백경 분의 일만큼의 차이가 나도 우주가 붕괴되었을 것이라고 얘기합니다. 어마어마하게 정교하게 조율된 우주입니다. 우주를 보면서 하나님의 신성과 능력을 느끼지 못 하는 분들은 뭔가 눈에 이상한 게 쓰여 가지고 못 보신 것뿐이에요. 그러니까 이 엄청나게 정교하게 조율된 우주를 볼 때에 신이 있구나! 정말 놀라운 신의 작품이구나! 저는 하늘을 보면서 정말 하나님께서 엄청난 세계를 창조하셨구나. 마음에서 절로 우러나오는데 그러니까 무신론자들도 그것을 부정하기 어렵지요.

그런데 부정하기 위해서 무신론자들이 사용하는 논리가 뭐냐하면 '다중우주론'입니다. 유명하고 대표적인 무신론자 생물학자 리차드 도킨스(Richard Dawkins)가 한국에 왔을 때, 그분 강연회에 정말 많은 사람들이 참여를 했어요. 제가 강연할 때 그렇게 많은 분들이 오셨으면 정말 얼마나 좋을까 그런 생각을 하는데 어쨌든 그분 강연회에 그렇게 많은 분들이 참여를 하고 막 그냥 박

수를 치고 그때 이 질문이 나온 거예요. 이 우주가 이렇게 정교하게 조율되어 있는데 하나님 존재, 신의 존재를 얘기하는 것이 아니냐고 했을 때, 이 도킨스가 하는 말도 다중우주론을 이야기했어요. 그러니까 이 다중우주가 무신론자, 다원주의에 경도되어 있는 무신론자들이 논리적으로 벽에 부딪쳤을 때, 빠져나가는 구멍입니다. 그래서 다중우주를 가지고 방어를 하는 거예요.

유신론과 무신론 사이의 논쟁, 창조론과 진화론 사이의 논쟁에서 무신론자들이 마지막으로 가지고 있는 무기가 다중우주론이에요. 그래서 급해지면 전부 다 다중우주론을 들고나와서 논리적인 어떤 근거로 사용을 합니다. 다중우주가 뭐냐? 사실 이 다중우주가 있는지에 대해서도 아직은 학문적으로 입증된 게 아무것도 없어요. 하나의 가설입니다. 가설. 우주의 모든 문제들을 얘기를 함에 있어서 우리는 눈에 보이는 관찰될 수 있는 그런 현상을 가지고 얘기하는데 이분들은 가설을 들고나와서 얘기하는 것, 이 자체가 사실은 이건 말이 안 되잖아요. 학문적인 세계에 무신론이 너무 강해서 그 가설이 입증되는 것처럼, 우선 우리가 먼저 이해해야 할 것이 뭐냐 하면 우리는 눈에 보이고 관찰되는 세상을 근거로 얘기를 하는데 이 무신론자들, 진화론자들은 마지막에 그분들이 얘기하는 것이 가설을 갖고 얘기하는 것이다 라는 것을 먼저 이해를 할 필요가 있어요.

이 가설은 아직도 입증된 것은 아무것도 없어요. 단지 계산상 나온 것입니다. 호킹(Stephen William Hawking)도 계산을 해 보니까, 또 다른 분들도 계산을 해 보니까 계산상 10의 500승의 우주가 있을 수 있다. 있다가 아니고 있을 수가 있다. 그럴 가능성이 있다는 거예요. 수학으로로 계산을 해 보니까, 이게 끈이론에 기초를 한 계산이에요. 여러분들에게 끈이론이 뭔지 얘기하려고 그러면 너무 복잡해서 강의도 안 듣고 다 도망을 가실 것 같으니까 그건 생략을 하고 어쨌든 끈이론에 기초를 해서 계산을 해 보니까 10의 500승의 우주가 존재할 수 있다는 거예요. 우주가 이렇게 정교하게 조율되어 있지만 10의 500승의 우주가 있을 수가 있는데 그 10의 500승의 우주 가운데 한 개쯤은 이런 우주가 우연히 생길 수도 있다. 그리고 다른 곳에 또 다른 우주 상수를 가지고 있는 또 다른 우주가 존재할 수가 있다. 그러니까 이게 전부 다 우연에 의해서 존재할 수 있다는 것을 얘기하기 위해서, 하나님이 창조했다는 것을 어떻게 해서든지 몰아내기 위해서 현재 다중우주론이 활용되고 있습니다. 다중우주가 실제로 있느냐? 이것은 가설일 뿐인데 이 논쟁에서 10의 500승의 우주가 있을 수 있는데 우연히 우리가 사는 이런 우주가 존재할 수가 있었다. 그런 이론입니다.

우리는 10의 500승이라고 하면 어마어마하게 큰 줄 알아요. 어마어마하게 큰 줄 아는데 유신론을 얘기하시는 분들이 지금 강력하게 주장하는 것이 뭐냐 하면, 무신론은 수학적으로 불가능하다는 거예요. 수학적으로 불가능하다. 수학적으로 유신론이 답이라는 것입니다. 무신론자들이 10의 500승이라는 수학적 숫자로 우리가 사는 우주가 우연히 존재할 수 있다고 주장했는데 수학적 숫자로 계산하면 무신론은 철저하게 불가능하다는 말입니다. 여러분들은 처음에는 잘 이해가 안 되는 말일 수 있어요. 저도 이 주장에 처음 부딪혔을 때, 아니 유신론과 무신론을 이야기하는데 무슨 이게 수학적으로 답이 나오나? 이렇게 의아해했습니다. 그런데 이것이 수학적으로 답이 나와요.

무신론자들이 10의 500승의 우주가 존재할 수 있다고 주장했습니다, 물론 입증되지 않는 가설이지여. 그런데요 제가 여러 번 이야기했지만, 세포 하나, 세포 하나의 존재를 위해서 필요한 정보가 10의 790억 승이라고 그랬어요. 10의 790억 승이라는 숫자는 10의 500승과는 비교가 안 되는 숫자입니다. 만약 10의 790억 승의 우주가 존재할 수 있다면 이 숫자는 세포 하나가 존재할 수 있는 경우의 수에 불과합니다. 그런데 10의 500승의 숫자는 세포 하나의 경우의 수에도 까마득하게 미치지 못하는 숫자입니다. 지금 우리가 살고 있는 이 우주의 정교하게 조율됨. 정교하게 조율됨을 위한 정보의 그 수학적인 숫자가 어느 정도 되는가 하면 세포 하나가 10의 790억 승이라면 인간존재 그리고 이 우주 모든 존재의 경우의 수, 그 정보의 수는 10에 790억 승도 아니고 10의 790경 승을 넘어갈거예요. 10의 790경승도 엄청나게 모자랄 것입니다.

10의 790경 승이라는 그 엄청난 숫자하고 10의 500승이라는 것은 이거는 비교가 안 되는 숫자입니다. 그러니까 이 우주의 정교하게 조율됨을 위한 그 경우의 수와 비교하면 10의 500승은 너무나도 적은 숫자예요. 이것은 어마어마한 차이입니다. 어쩌면 이 두 개의 차이는 1경 대 1의 차이를 넘어가고 넘어가는 차이일 것입니다. 다중우주의 존재가 10의 790경 승을 넘어간다면 우연히 우리가 존재하는 우주가 있을 수 있다는 논리가 성립될지 모릅니다. 우리가 사는 우주가 존재하기 위해서는 10의 500승의 숫자는 당치도 않은 숫자입니다.

두 번째, 우리가 살고 있는 우주 외에 다른 우주가 정말 존재한다면 그 우주도 어마어마하게 정교하게 조율되어야 합니다. 그냥 우연히 존재할 수가 없어요. 그 우주 역시 어마어마하게 정교하게 조율 되어야 하는데 그 어마어마하게 정교하게 조율 되는 것이 우연에 의해서 일어날 가망이 없습니다. 10의 500승이라는 그 숫자로 그게 가능성이 없어요. 왜냐하면 10의 500승을 몇 조, 몇 경 배로 초월하고 있기 때문에 그 가능성이 없습니다, 만약 다른 우주가 존재하고 있다면, 그 우주도 역시 어떤 분에 의해서 정교하게 조율되어야 합니다! 절대로 우연에 의해서 존재할 가능성이 없습니다. 이것이 무엇과 같냐하면, 헤밍웨이가 『노인과 바다』라는 소설을 썼잖아요. 그 소설이 영어 단어 A,B,C,D 26자가 우연히 서로 연결이 되고 조합이 되어서 『노인과 바다』라는 그런 소설이 존재할 가능성이 없잖아요. 그러면 다중우주가 뭐냐 하면 다른 우주가 있다 하면, 또 헤밍웨이가 다른 소설을 하나 쓴 것입니다. 『무기여 잘 있거라』, 『누구를 위하여 종을 울리나?』, 이런 소설들을 쓴 것입니다. 하여간 다른 우주는 또 하나님께서 다른 우주를 창조하신 것이지, 그냥 우연히 생길 수가 없는 것입니다.

기독교 창조론에 기초해서 우주론을 생각하는 대단히 탁월한 학자들이 말하는 논지가 뭐냐 하면 다중우주가 존재한다면 그것은 창조주 하나님의 또 하나의 어마어마한 위엄을 드러내는 것이다! 하나님의 그 놀라우신 창조 사건을 또 보게 되는, 그러니까 또 하나의 감격이다 그 말이에요. 우리가 우주를 보면서 엄청난 감동을 느끼는 것과 마찬가지로 만약에 다중우주가 존재한다면 우리가 또 한번의 엄청난 감격을 느끼는 것이다, 그렇게 생각합니다. 저는 이 생각에 전적으로 동의합니다.

저는 한 걸음 더 나아가서 다중우주가 있다면 그것이 천국일 수가 있다고 생각합니다. 끈 이론을 보면 10차원의 세계, 11차원의 세계 그러잖아요. 우리 성경에 보면 하늘이 복수형으로 나옵니다. 즉 하늘들이라는 복수형입니다. 천국이 '하늘들'이라고 표현되어 있습니다. 일곱 개의 하늘, 일곱 개의 하늘 끝에 하나님의 보좌가 있는, 그런 우주관을 유대인들이 갖고 있었고, 이런 복수형의 하늘에 대한 우주관이 성경에 나옵니다. 우리가 살고 있는 우주가 다중우주에 의해서 이렇게 쌓여 있는 것 같다. 물리학자들이 그런 주장을 합니다. 우리가 살고 있는 우주가 어떤 다른 세계, 영원한 세계에 싸여 있는 것이 아닐까요? 예수님께서 시공을 초월하시잖아요. 다중우주의 문제가 시공을 초월하는 것과 연결이 되어 있는데, 예수님께서 부활하셔서 나타나셨는데 시간과 공간을 초월하고 있는 것이에요. 어쩌면 다중우주라고 물리학자들이 표현하는 영원한 세계에 계시던 예수님께서 오셔서 우리에게 자신의 모습을 드러내신 것이 아닐까? 그렇게 한번 가정을 해보면 어떨까, 생각할 수 있다는 말입니다.

상상해본다는 말입니다. 다중우주를 얘기하는 물리학자들도 하나의 가정이고 상상이잖아요. 자기들이 상상해보는 것인데, 그분들의 상상에 상응해서 제가 신학적으로 상상을 해 본 것입니다. 그런데 저는 제 상상이 더 진실에 가까울 것으로 보입니다. 죽었다가 사후의 세계를 경험했다고 주장하는 임사체험을 한 사람들은 한결같이 어떤 통로를 지나 빛이 보이는 다른 세계로 갔다고 주장합니다. 우리가 사는 우주가 영원한 세계에 둘러싸여 있다면 그들이 통과한 통로는 4차원의 세계에서 다른 차원의 세계인 영원한 세계로 가는 통로일 수 있습니다. 오늘 제가 주장하는 주장의 핵심은 임사체험의 정당성에 관한 것이 아니고, 다중우주가 결단코 하나님 없음을 입증하는 근거가 될 수 없다는 것입니다. 그리고 상상이나 가정을 한다면 부활하신 예수님을 근거로 다중우주를 추론하는 것이 더 진실에 가까울 것이라는 점입니다.

## 4. 하나님의 계속적 창조 사역을 오해한 진화론

오늘의 주제는 '진화론은 하나님의 계속적 창조사역을 오해한 것이다.' 사실은 빅뱅부터 시작해서 지구가 생겨나고, 생명체가 생겨나고 사람이 생겨날 때까지의 과정이 하나님의 창조 사역이에요. 하나님의 창조사역은 크게 셋으로 나눌 수가 있어요. 태초의 창조. 계속적 창조. 그리고 종말론적인 창조. 새 하늘과 새 땅을 창조하는 것입니다. 진화라는 것은 뭔가 이렇게 계속 발전해갔다는 말인데 진화, 이 변화의 주체는 주체는 하나님이에요. 물질이 아닙니다. 진화론은 물질이 계속 창조했다는 이론인데, 온신학은 하나님께서 계속 창조했다고 주장하는 신학입니다.

도킨스의 진화론을 읽어보면 돌연변이와 자연선택이 진화를 일으킨 메커니즘이다. 이렇게 얘기를 하는데 돌연변이라는 것은 생명체를 전제하잖아요. 생명체에 어떤 DNA를 전제하고 있는 것인데 그러면 생명체가 시작되기 전에는 어떻게 진화가 됐다는 것입니까? 물리학자들은 중력이나 핵력 전자기력 같은 자연 안에 있는 힘들이 진화를 일으켰다고 근거도 없이 상상합니다. 이미 언급한 것처럼 우주 안에는 엄청난 정보가 있습니다. 태양은 수소 핵융합 발전소입니다. 핵융합 발전소를 만들려면 엄청나게 세밀하고 정교한 설계도가 있어야 합니다. 이 설계도가 정보입니다. 이 설계도는 중력과 같은 자연법칙이 결코 만들지 못합니다.

생명체가 시작되기 위해서도 생명체 탄생을 위한 설계도가 있어야 하고 엄청난 정보가 있어야 합니다. 그것은 자연법칙이 결코 만들지 못합니다. 생명체가 시작되고 난 뒤에 진화과정에서 이렇게 점프를 하는 것, 계속 이렇게 점프하는, 이 점프하는 것도 과학적으로 설명되지 않는다는 것을 이미 여러분들에게 말씀을 드렸습니다. 이 점프하는 것은 물질이나 생명체가 스스로 점프하는 것이 아니에요. 하나님께서 개입하셔서 이 진화과정을 만들어내는 것이기 때문에, 이것은 근본적으로 진화가 아니고 하나님의 계속적 창조사역입니다.

제가 하나님의 계속적 창조사역이다. 이렇게 얘기하면 아~ 그러면 뭐 신이 갑자기 개입하는 것, 그런 것 믿을 수 없다. '틈새의 신'은 과학적으로 추방된 지 이미 오래다. 그런 말 같지도 않은 말을 하지 마라 이렇게 저한테 지금은 하실 거예요. 이 계속적 창조사역을 이해할 수 있는 대단히 중요한 연구가 있습니다. 막스 플랑크 연구소(Max-Planck-Gesellschaft), 독일 뮌헨(München)에 있는 막스 플랑크 연구소는 양자역학의 센터라고 볼 수 있잖아요. 너무나도 유명한 연구소, 이 연구소의 소장을 오래 하셨던 한스 페터 뒤르(Hans-Peter Dürr) 라는 교수님이 계십니다. 뮌헨 대학의 유명한 교수님이기도 하고, 그런데 이분께서 하신 말씀인데 제가 그대로 인용을 했습니다. 여러분들 한번 들어 보시길 바랍니다. "양자물리학에서는 창조가 태초에만 이루어진 것이 아니며 세계 안에서 일어나는 모든 일들이 계속되는 창조 행위라고 주장합니다." 제가 얘기하려고 하는 것하고 굉장히 가까운 말이에요.

양자물리학, 양자물리학이 발견한 대단히 중요한 것이 있습니다. 세계 양자물리학은 이 세상이 물질로 되어있다는 것 그 이전에 어떤 정신이 있고, 정보가 있다는 것을 발견했습니다. 또 양자물리학은 최근에는 코스믹 마인드(Cosmic Mind) 같이 우주적 정신이 어쩌면 이 세계 삼라만상의 근원일지 모른다. 이 양자의 세계에서는 입자가 무에서부터 생겨나듯이 생겨납니다. 이것도 한스 페터 뒤르 교수께서 하신 말씀이에요. 무에서 뭐가 생겨나듯이 양자 세계에서는 입자들이 생겨난다는 말이에요. 저는 이분이 얘기하는 것에서 조금 더 발전시켜서 지금 여러분들에게 말씀을 드리는 것입니다.

태양이 갑자기 튀어나왔느냐? 그런 건 아니겠지요. 우주의 먼지가 모여서 저절로 태양이 됐느냐? 그런 것도 아닐 것입니다. 그런데 우주의 먼지, 먼지라는 것 그게 이렇게 모여서 태양을 만드는 전 단계였을지도 몰라요. 성운이 모여 있는 곳에서 태양이 생겼다고 학자들이 추론합니다. 그런데 우주의 먼지 같은 성운이 모여 있다고 태양이 탄생하는 것이 아닙니다. 설계도에 따라 이 우주의 입자들이 모이고 연결되고 질서가 만들어지고 하나씩 하나씩 구조물이 구축되어야 합니다.

양자 세계 속에 들어가면 전자도 그러하고, 쿼크도 그러하고 업-다운, 업-다운 이런 형태로 되어있어요. 이게 어떤 것과 같냐 하면 컴퓨터, 컴퓨터에 우리가 정보를 입력할 때 컴퓨터가 '10100011', '0101'로 전부 전달이 되잖아요. 그런데 양자의 세계가 그래요. 업-다운, 업-다운 그래서 다운 쪽에 있는 것은 마이너스 3분의 1 전하를 갖고 있고 업 쪽에 있는 것은 플러스 3분의 2 전하를 가지고 있는데 이게 쌍으로 업-다운, 업-다운 이렇게 되어 있어요. 쿼크도 그러하고, 전자도 그러하고 그러니까 하나님께서 어떤 정보를 주시면 거기에 따라서 미시세계, 아주 작은 소립자들이 정보에 따라 움직이는 존재로 이해가 될 수 있어요. 하나님의 놀라운 능력으로 태양을 만들었지요. 하나님의 말씀으로 태양을 만들었어요. 그것을 오늘의 과학적인 시각에서 접근해 들어가 보면 하나님으로부터 오는 정보, 하나님으로부터 오는 그 능력이 결국 수소 핵융합 발전소라는 저 엄청난 태양 핵융합 발전소를 만든 것이 아닐까? 생각합니다.

진화의 과정에서 점프 할 때도 마찬가지입니다. 과거에 없던 새로운 것들을 많이 가지고 있잖아요. 수많은 고아유전자가 발견됩니다. 이 유전자들은 또 어디에서 왔을까? 이 새로움의 근거가 어디에서 왔을까? 하나님의 말씀으로부터 왔겠지요. 하나님으로부터 오는 어떤 정보, 거기에서부터 반응하고 있는 쿼크의 세계, 소립자들의 세계, 전자의 세계, 거기에서부터 결국 새로운 생명체가 만들어진 것이 아닐까? 생각합니다. 진화가 아니에요. 진화는 하나님의 계속적 창조사역을 오해했기 때문에 생겨난 이론이라고 생각을 합니다.

# VI. 성경과 오늘의 과학의 대화

## 1. 야훼라는 이름의 뜻 :
### '모든 존재의 존재론적 근거'(cause to be)

오늘의 주제는 '우주를 볼 때 반드시 알아야 할 가장 중요한 것: 야훼의 이름'입니다. 우리가 하늘을 보고, 우주를 보고, 이 세상을 볼 때 우리가 알아야 할 제일 중요한 것이 무엇일까? 신명기 8장 3절을 보면 "너를 낮추시며 너를 주리게 하시며 너도 알지 못하며 네 열조도 알지 못하던 만나를 네게 먹이신 것은 사람이 떡으로만 사는 것이 아니요 여호와의 입에서 나오는 모든 말씀으로 사는 줄을 너로 알게 하려 하심이니라." 굉장히 중요한 말씀인데 이스라엘 백성들이 광야에서 긴 시간을 보냈잖아요. 거기에서 너희들이 주리기도 하고 어려움도 겪기도 했는데 왜 그리했느냐? 그 말이에요. 왜 그렇게 너희들이 살게 되었느냐? 그런데, 그 어려움을 겪으면서 만나도 먹고 바위에서 물이 솟아나는 놀라운 경험도 하고 살아가는 동안에 신발이 한 번도 해지지 아니 하는 그런 놀라운 것들을 경험을 합니다. 그런데 이 광야의 시간을 너희들이 보내게 된 이유가 뭐냐 하면 사람이 떡으로만 사는 것이 아니고 하나님의 입에서 나오는 모든 말씀으로 사는 것이라는 것을 알게 하려고 그 어려움을 겪게 되었다는 것입니다.

많은 성도들이 세상을 살면서 왜 이렇게 어려움이 많아요? 고난이 많아요? 뭐 이런 질문들을 많이 하잖아요. 그 질문에 대한 성경의 답이라고도 볼 수가 있어요. 왜 그런 일들이 일어나느냐? 사람은 하나님의 말씀으로 사는 것인데 너의 삶의 근거가 하나님의 말씀인데 사람들은 떡으로 사는 줄 알아요. 물질로 사는 줄 압니다. 세상의 권력으로 사는 줄 알아요. 사람이 하나님의 말씀을 사는 것이다. 하나님의 말씀으로 사는 것을 배우는 것이 어떻게 보면 우리가 태어나서 죽는 날까지 이 땅에서 살아가면서 배워 가는 일이 아닌가! 이렇게 생각을 합니다.

조금 하나님의 말씀으로 사는 것 같다 가도, 또 삶이 좀 좋아지면 순식간에 또 옆으로 가서, 돈에 대해서 관심을 기울이고, 권력에 대해서 관심을 기울이고, 세상의 어떤, 세상적인 어떤 것에 관심을 기울이고, 나의 삶의 모든 것을 거기에다가 투자를 하잖아요. 그런데 하나님께서 우리에게 하시는 말씀은 하나님의 말씀으로 사는 것이다. 이 중요한 말씀이 마태복음 4장 4절에 예수님의 시험받으신 이야기 속에도 들어있습니다. "예수께서 대답하여 가라사대 기록하였으되, 사람이 떡으로만 살 것이 아니요, 하나님의 입으로 나오는 모든 말씀으로 살 것이니라 하였느니라." 얼마나 주리셨습니까? 배가 고프시고 정말 주렸는데 유혹을 받잖아요. 그때 예수께서 하신 말씀이에요. 사람은 하나님의 입에서 나오는 모든 말씀으로 사는 것이다. 우리의 삶의 근거, 존재론적인 근거가 하나님이라는 거예요. 우리가 먹고 사는 것도 하나님으로부터, 우리의 건강도 하나님으로부터, 우리의 행복도 하나님으로부터, 전부 하나님으로부터 나온다 그 말이에요.

출애굽기 3장 13–15절에 보면, 하나님의 이름이 계시됩니다. 하나님의 이름이 계시되는데 '야훼', '야훼'라는 이름이 계시돼요. 나는 야훼다. 이게 번역이 어렵고 무슨 뜻인지 알기 힘든데 우리말 성경에는 '나는 스스로 있는자' 뭐 이렇게도 번역이 되어 있고 영어로 'I am that I am' 'I am that I am'이 무슨 말인지 참 애매합니다. 20세기 후반에 세계의 구약 학자들이 야훼라는 이름을 연구하면서 마침내 답을 알아냈어요. 야훼라는 이름의 의미는 영어로 'Cause to be'라는 의미예요. 'Cause to be', 무슨 말이냐 하면 '존재하는 것의 근거다.' 그런 말씀이에요. 이 세상의 모든 존재하는 것을 존재케 하는 근거가 하나님이라는 말이에요. 야훼의 이름이에요. 하나님이 어떤 분이냐 하면 세상의 모든 존재하는 것을, 존재하도록 만드신 분이 하나님이라는 그런 뜻이에요.

지난 시간에 '다중우주론'에 대해서 얘기를 했는데 이 우주 말고 또 다른 다중우주가 있다면 그 모든 것을 존재하도록 만드신 그 존재론적인 근거가 하나님이에요. 야훼라는 이름이 그런 의미입니다. '나는 이 우주삼라만상 모든 존재의 존재론적인 근거다.' 그런 말씀이죠. 우리가 이 우주를 볼 때 우주가 어디에서 왔겠어요? 하나님으로부터 왔지요. 이 우주의 모든 법칙들이 어디로부터 왔겠어요? 하나님으로부터 왔어요. 인간의 존재가 어디에서부터 왔겠어요? 하나님으로부터 왔어요. 진화론적인 유물론자들은 물질이 다 했다고 그러는 거예요. 물질. 우리가 이 성경의 가르침을 기초로 해서 보면 이게 진짜 우상숭배의 길로 가는 것입니다.

우리가 세상을 살면서 떡이 나를 먹여 살린다. 돈이 나를 먹여 살린다고 생각하는 거하고 별 차이가 없는 물질이 스스로 그렇게 만들었다. 무슨 물질이 스스로 그렇게 만들었겠어요. 이 우주의 존재론적인 근거가 하나님이에요. 출애굽기 3장에 계시되어 있는 것입니다. 어떻게 보면 성경 전체가 야훼라는 이름을 알게 하려고 하는 의도로 쓰여진 책이라고 해도 과언이 아니에요. 이스라엘의 역사 전체가 뭐냐 하면 야훼라는 이름의 의미를 이스라엘 백성들이 알도록 하기 위한 역사일 수 있어요. 엄청난 출애굽의 사건이 일어나잖아요. 엄청난 해방의 사건. 그 해방의 사건을 누가 일으켰느냐? 야훼께서 일으키시지요. 내가 야훼다 그 말이에요. 저기 있는 바로 왕, 그 자를 두려워하지 말라 그 말이에요. 그자가 황제의 권위를 가지고 있는 그 권위까지도 내가 얼마든지 폐할 수가 있는 이 세상에 존재하고 있는 모든 존재의 존재론적인 근거가 야훼 하나님이다 그 말이에요.

빅뱅이 일어났다면 그 빅뱅을 일으킨 분이 누구겠어요? 야훼 하나님께서 하신 것이지요. 야훼 하나님께서 하셨기 때문에 우주는 붕괴되지 않고 정교하게 조율되어 있는 것입니다. 지구가 태양의 주위를 돕니다. 중력 때문에 도는게 아니에요. 중력은 야훼 하나님께서 사용하시는 하나의 도구에 불과하지요. 어떻게 지구가 이렇게 태양의 주위를 정확하게 돌고 있는가? 이렇게 계절이 바뀌고, 꽃이 피고 아름다운 세상이 왔다가 다시 눈이 오고 이 모든 존재론적인 근거가 야훼 하나님이다 그 말이에요. 우리가 우주를 보면서 정말 깨달아야 될 첫 번째 것은 야훼 하나님이라는 이름입니다. 이 모든 것이 하나님으로부터 왔구나. 하나님께서 이 모든 것을 만드셨구나. 그리고 가슴으로부터 하나님의 은혜와 놀라운 영광을 마음속으로부터 찬양하는 것이 우리가 해야 될 첫 번째 일입니다.


## 2. 창세기 1장에 대한 다양한 해석들

오늘의 주제는 '창세기 1장에 대한 다양한 해석들' 입니다. 근본주의자들은 창세기 1장을 문자적으로 역사라고 생각하지요. 6일 만에 세상을 창조했다. 창세기 1장의 순서대로 창조가 된 것이다. 창조과학 계통에 계시는 분들은 그 근거 위에서 우주의 역사가 6천 년에서 만 년 정도다라고 주장합니다. 물론 이에 대해 대단히 비판이 많지요. 이건 결국에는 사이비 과학으로 가는 길이다. 이런 비판이 굉장히 많습니다. 근본주의적인 성경해석, 과학적 해석에 대해 대단히 비판하는 글을 쓰신 분이 있는데, 양승권 박사라는 분이 『창조 연대 논증』이라는 책을 출간했어요. '젊은지구론 무엇이 문제인가' 부제가 붙었는데, 창조과학 쪽에서 젊은 지구론을 주장하고 있지 않습니까? 지구의 역사는 6천 년에서 만 년 정도라고 하는 이것이 틀렸다고 논증하는 책입니다. 궁금하신 분들은 이 책을 직접 읽어보시기를 바랍니다.

복음주의자들은 근본주의자들과는 조금 다르게 성경을 해석해요. 해와 달이 4일째 창조가 됐는데, 해와 달이 창조되기 이전에 벌써 첫째 날 둘째 날이 나오기 때문에, 그 날은 오늘의 24시간이 아니고 어떤 기간이다. 그래서 그게 1억 년도 되고 10억 년도 될 수가 있다. 6세대 창조론을 주장합니다. 하루를 어떤 한 기간으로 만들어 성경의 내용과 과학적 내용을 조화시키려 합니다. 하루를 한 기간으로 만들어 비교해 보면 상당히 비슷해진다는 것입니다. 물론 아직도 차이는 있지만 그 차이는 시간이 지나면, 과학이 더 발전하게 되면 차이가 없어질 것이라고 생각합니다. 상당수의 복음주의자들은 창세기 1장을 그렇게 해석해서 성경과 과학을 조화시키려고 합니다.

그런데 여러분! 정말 조화가 될까요? 이 길도 바른 길은 아닌 것으로 보여요. 왜 그러냐 하면 조화가 전혀 안 되기 때문에 그렇습니다. 왜 조화가 안 되느냐 하면 해와 달이 제4일 째 창조가 되는데, 해와 달이 창조되기 전에 이미 지구가 존재하고 있어요. 창세기 1장 1절부터 한번 자세히 봐요. 해와 달이 창조되기 이전에 이미 지구가 존재하고 있습니다. 창세기 1장 2절에 보면 "땅이 혼돈하고 공허하며" "흑암이 깊음 위에 있고" "하나님의 신은 수면에 운행하시니라." 지구가 있고, 땅이 있고, 이미 물이 있어요. 그리고 바다도 만들어집니다. 태양이 창조되기 이전에, 과학적으로는 태양이 먼저 만들어지고, 그리고 지구가 만들어졌잖아요. 태양이 제4일 째 만들어졌는데, 태양이 없을 때, 땅이 먼저 있어요. 그뿐만이 아닙니다. 셋째 날을 자세히 살펴보면, "땅이 풀과 씨 맺는 채소와 각기 종류대로" "씨 가진 열매 맺는 과목을 내라" 그러니까 풀도 있고, 채소도 있고 열매 맺는 나무도 있고, 우리가 상식적으로 사과나무 하나가 열매를 맺으려면 태양 빛이 있어야 할 텐데, 태양이 없는 상황인데도 이미 그게 다 있어요. 태양과 달과 별들은, 지구상에 많은 것들, 채소들, 풀들, 나무들이 존재하고 난 후에 생겨납니다. 이런 우주관은 오늘의 우주관과는 전혀 다른 우주관입니다. 성경의 과학과 오늘의 과학을 조화시키는 것은 거의 불가능합니다.

창세기 1장 1절, 2절, 3절을 이렇게 쭉 보면은 앞머리만 봐도 오늘의 우주관과는 전혀 다른 지구 중심의 우주관이 있다는 것을 알 수가 있습니다. 많은 학자들이 이것을 연구를 하면서 이것은 고대인의 우주관으로 보인다고 생각합니다. 왜냐하면 고대인의 우주관인 지구 중심의 우주관이 정확하게 그대로 존재하고 있기 때문이에요. 지구가 먼저 있고 나중에 태양도 만들어지고 별도 만들어지고, 달도 만들어지고, 창세기 1장이 고대인의 우주관, 지구 중심의 우주관, 그것이 여기에 그대로 있는 것으로 보인다고 판단하고 있습니다.

그리고 창세기 1장은 에누마 엘리쉬(Enuma elish)라는 마르둑(Marduk) 창조신화에서 조금 변형된 것이 창세기 1장일 것 같다고 판단하는 학사들도 상당히 있습니다. 오늘날 일부 학자들이 유튜브를 통해 이렇게 강의하고 있습니다. 창세기 1장이 마르둑 창조신화가 일부 변형되어서 만들어진 것이라는 주장은 상당한 역사를 가지고 있습니다. 고고학이 발달하면서 중동 지역의 토판들이 발굴되었고 토판 안에 있는 글자들이 해독되기 시작했습니다. 그 과정에서 마르둑 창세기가 해독되었고 성경의 창세기 1장과 닮은 점이 있다는 것을 알게 되었습니다. 마르둑 창세기는 창세기 1장보다 많이 오래된 창조신화입니다. 많은 종교사학파 학자들은 마르둑 창세기와 성경의 창세기 1장을 비교하면서, 창세기 1장은 마르둑 창세기의 변형된 형태라고 결론내렸습니다. 성경의 계시적 차원은 무시되고 성경의 창세기 1장이 고대인의 신화를 차용해서 변형한 신화로 전락한 것입니다. 창세기 1장이 옛날 고대 신화의 하나의 변형된 형태일까요?

저는 아무리 생각해도 아닐 것으로 생각합니다. 이것은 진짜 창세기입니다. 계시의 말씀인데, 여기서 우리가 창세기 1장을 바르게 이해하기 위해서, 우선 칼뱅(J. Calvin) 선생, 한국 장로교회에서는 대단히 중요한 그 칼뱅 선생의 가르침을 좀 생각해 볼 필요가 있어요. 칼뱅 선생께서는 창세기 1장을 주석하면서 창세기 1장이 오늘의 천문학을 계시하고 있는 책이 아니라고 가르쳤습니다. 굉장히 중요한 말씀이에요. 천문학을 계시하는 책이 아니라는 것입니다. 근본주의자들이나 복음주의자들은 창세기 1장이 영원한 과학, 무오한 천문학을 계시한 책이라고 생각합니다. 창세기 1장에 영원히 무오한 천문학이 계시되었기 때문에 과학은 이 무오한 천문학과 일치해야 합니다. 근본주의자들과 복음주의자들의 오류는 바로 여기에서 발생합니다.

칼뱅 선생께서는 토성이 달보다 더 크다는 것을 알고 있었습니다. 당시의 과학이 토성이 더 크다는 것을 발견한 것이지요. 그런데 창세기 1장은 태양과 달이 하늘에 있는 별들 가운데 가장 큰 별이라고 언급하고 있습니다. 토성이 달보다도 더 크지만, 칼뱅 선생에 의하면, 이것은 그 당시 사람들이 알고 있는 그 지식의 범위 안에서, 그들의 눈높이에서 하나님께서 말씀하신 것으로 판단했습니다. 칼뱅 선생은 창세기 1장이 천문학을 계시하는 책이 아니라고 생각했습니다. 21세기의 과학적인 지식을 계시하기 위해서 이 창세기 1장을 하나님께서 쓰게 하시고 말씀하시는 것이 아니고, 그 당시 사람들이 일반적으로 알고 있었던, 그 당시 사람들의 눈높이에서, 하나님께서 천지를 창조하셨다는 것을 말씀하셨다는 것입니다.

고대인들이 알고 있었던 우주에 대한 눈높이는 일종의 지구 중심의 그런 우주관이지요. 그 눈높이에서 하나님께서 이 천지를 창조하셨다는 계시의 말씀을 전하신 것입니다. 저는 칼뱅 선생의 창세기 1장이 천문학을 계시한 책이 아니라는 해석이 상당히 가치가 있다고 생각합니다. 다음 시간에 좀 더 자세하게 창세기 1장이 신화가 아니고 왜 역사이며, 왜 칼뱅 선생의 해석이 가치가 있는지 좀 더 자세하게 말씀을 드리려고 합니다. 그런데 오늘 우리가 잠정적으로 여기에서 말씀드릴 수 있는 것은 억지로 과학과 조화하려는 시도는 잘못이라는 것입니다. 근본주의적인 방법으로 조화를 거부하고 오늘의 과학을 비판하는 것도 잘못이지만, 복음주의의 해석, 하루를 24시간이 아니고 하나의 기간으로 생각해서 뭔가 어떻게 억지로 과학과 조화시키려고 하는 시도도 잘못입니다. 창세기 1장에는 고대인의 우주관이 그 안에 있음에도 불구하고, 그것을 뚫고 하나님께서 놀라운 계시의 말씀을 전하신 하나님의 불변하시는 계시의 말씀이라는 것을 여러분들에게 먼저 말씀을 드리고 다음 시간에 더 자세하게 말씀드리도록 하겠습니다.

## 3. 창세기 1장에 대한 올바른 해석

오늘의 주제는 '창세기 1장에 대한 올바른 해석'입니다. 욥기 38장 6절에 보면 "그 주초는 무엇 위에 세워졌으며" "그 모퉁잇돌은 누가 놓았느냐"라는 말씀이 기록되어 있습니다. 욥기 38장 6절을 보면, 그 당시에 고대인의 우주관이 거기에 들어있어요. 평평한 지구에 이렇게 기둥이 있고 그 밑에 이렇게 주초가 있는, 성경 안에 고대인의 우주관이 존재하고 있는 것입니다. 사무엘상 2장 8절에도 "땅의 기둥들은 여호와의 것이라 여호와께서 세계를 그 위에 세우셨도다"라고 기록되어 있습니다. 우리가 살고 있는 땅 밑에 기둥이 있다는 고대인의 우주관이 그대로 있습니다. 성경 안에 고대인의 우주관이 그대로 있다는 것은 학문적 신학이 이미 오래전에 발견한 사실입니다. 한국 교회 성도들에게는 많이 알려져 있지 않습니다만.

성경 안에 고대인의 우주관이 존재하고 있으니까 이 성경은 하나님의 말씀이 아니다. 고대인의 책이 아니냐? 폐기해야 된다. 이렇게 주장하는 분들이 있어요. 이런 분들은 성경의 본질을 잘 모르는 분들입니다. 예수님께서 참 하나님이시고 참 사람이신 것과 마찬가지로, 성경도 신적인 차원과 인간적인 차원이 있습니다. 하나님의 계시가 고대인인 성경 기자들을 통하여 전달되었습니다. 그런 까닭에 성경 안에는 성경 기자가 갖고 있는 인간적인 제한성이 동시에 노출되어 있습니다. 고대인의 우주관은 성경 기자가 갖고 있는 인간적인 제한성입니다. 그런데 하나님께서는 인간적인 제한성을 갖고 있는 성경 기자를 사용해서 영원한 계시의 말씀을 전달했습니다.

하나님께서 기둥 위에 세계를 세우셨다는 말씀은 이 우주 삼라만상의 기초를 놓으시고, 기둥을 놓으시고 법칙을 만드시고, 지구가 존재하기 위한 모든 구조를 하나님께서 만드셨다는 것을 계시하는 말씀입니다. 이 놀라운 계시가 고대인의 우주관을 통해 나타나고 있는 것입니다. 그 사람들이 가지고 있는 세계관을 뚫고 하나님이 엄청난 계시의 말씀을 하고 있는 것입니다. 그래서 우리가 욥기 38장 6절을 읽으면 봐라! 이 세상의 모든 것을 하나님께서 창조하셨구나! 바로 이 놀라운 하나님의 계시에 부딪히는 거예요.

여기에서 우리는 두 가지 잘못된 이해를 피해야 합니다. 첫째는 이 고대인의 우주관을 절대적인 과학으로 생각하는, 이것이 하나의 오류예요. 이 오류는 근본주의자들이나 복음주의자들에게 나타나는 오류입니다. 둘째 오류는 이게 고대의 우주관이 들어있으니까 성경은 고대인의 책이다. 계시의 말씀이 아니다. 이게 또 잘못 이해하는, 성경을 잘못 이해하는 방식입니다. 성경을 신화나 고대인의 우주관을 담고 있는 고대 종교인의 책으로 보는 관점입니다. 자유주의 신학의 흐름이나 종교사학파의 글에서 발견할 수 있는 관점입니다.

제가 지난 시간에 창세기 1장을 설명을 해드렸는데 창세기 1장 안에도 하늘의 태양과 달과 별들이 창조되기 이전에, 태양이 있기도 전에 먼저 지구가 있어요. 거기에 땅도 있고, 물도 있고 채소도 있고, 나무도 있고, 그러니까 태양도 없는데 벌써 지구 안에 있는 것들이 많이 있는 것입니다. 이것은 고대인의 우주관이죠. 학자들이 그렇게 생각을 해요. 옛날에 고대인들은 지구 중심으로 다 세상을 보고 있었기 때문에 그런 것이죠. 지구가 중심으로, 하늘의 별들이 이 지구가 존재하고 난 뒤에 아마 신이 창조했을 것이다. 이런 막연한 생각을 하고 있었던 것입니다. 칼뱅(Jean Calvin) 선생께서 말씀을 잘 하셨지요. 당시의 사람들의 눈높이에서 하나님께서 계시하신 계시의 말씀이다. 성경은 천문학을 계시한 책이 아니고 그 당시 사람들이 가지고 있는, 많이 배우지 않은 사람들이 가지고 있는 그 눈높이, 그 지식 수준에서 하나님께서 당신의 말씀, 계시의 말씀을 전한 것이 이 성경이다.

그런데 중요한 것은 계시의 말씀입니다. 계시가 중요한 거예요. 하나님이 하늘의 별과 태양과 땅과 이 세상에 존재하는 모든 것을 하나님께서 창조하셨다. 저 땅에서 풀이 나고 열매 맺는 과일이 만들어지는 저 모든 것들도 하나님께서 하셨다. 하나님께서 하셨지요. 이 성경은 창조주 하나님을 계시하는 책입니다. 특별히 창세기 1장은 창조주 하나님을 계시하는 책이에요.

성경이 신화라고 얘기하는 사람들. 특별히 에누마 엘리쉬를 보면, 이 에누마 엘리쉬에 나오는 마르둑 창조 이야기하고 성경 이야기하고 비슷하다. 이렇게 얘기하는 분들이 많은데 실제로는 굉장히 다릅니다. 에누마 엘리쉬, 마르둑 창조 이야기를 보면 여신,

티아맛(Tiamat)이라는 여신이 나오죠. 마르둑과 여신 티아맛이 싸워서 티아맛을 죽여 그 몸을 갈라서 세상을 만듭니다, 이것은 신들의 전쟁입니다. 이 신들의 전쟁을 통해서 이 세상이 만들어지는데 성경 안에는 그런 신들의 전쟁이 없어요. 하나님 한 분 밖에 없지요. 그리고 이 삼라만상 천지가 하나님의 말씀으로, 전능한 하나님의 말씀으로 창조되었다고 선언하고 있는 것입니다.

이 에누마 엘리쉬에 나오는 이 마르둑 창조 이야기 하고는 자세히 비교해 보면 느낌이 달라요. 에무마 엘리쉬의 이야기는 그냥 신들이, 잡신들이 몰려가지고 그냥 음모를 꾸미고 싸우고 있는데, 여기는 전능하신 하나님께서 있으라 하니 그렇게 되었다. 있으라 하니 그렇게 되었다. 단 한 분의 전능한 신이 등장합니다. 달라도 정말 달라요. 창조의 핵심이 하나님의 말씀이에요. 그리고 옛날에 해, 달, 별들이 다 뭡니까? 이것들은 신적인 존재들입니다. 신적인 어떤 것들을 가지고 있잖아요. 애굽 사람들은 태양신, 태양을 신으로 섬겼잖아요. 바벨론 지역에는 점성술이 엄청 발전했지 않습니까? 하늘에 있는 것들이 신적인 것들인데, 이 신적인 것들을 전부 다 피조물로 다 격하시켜버린 것입니다. 신들이 전쟁을 통해 세상을 만들었다는 가짜 창세기들을 부수고 진짜 창세기를 성경이 언급하고 있는 것입니다.

어마어마한 존재인 태양도 하나님이 만들어 놓은 그 길을 따라서 이렇게 움직여나가는 그런 존재, 하나님이 만들어놓으신 길을 따라 움직이는 존재, 여기에는 무슨 뭐 신적인 어떤 그런 기능이 전혀 없어요. 참 이게 대단한 계시의 말씀입니다. 그 당시에 태양이 신이라고 생각하고 있었던 중동 지역의 문화적인 상황을 한 번 생각을 해봐요. 모든 사람들이 그렇게 생각하고 있었던 그 시절에 태양도 피조물에 불과하고 모든 별들도 피조물에 불과하고 전부 다 피조물로 격하시키고 하나님만이 이 모든 것을 하신 분이시다. 참 어마어마한 창세기, 진짜 창세기가 지금 여기에 언급되고 있는 것입니다.

이걸 무슨 신화와 연결시켜서 얘기하는 것은 창세기 1장의 본질을 잘 모르는 분들이에요. 인간 창조 부분에 가면 더 아주 결정적입니다. 에누마 엘리쉬, 마르둑 창세기를 읽어보면은 킹구(Kingu)라는 마르둑과 싸웠던 반대되는 쪽의 신이에요. 킹구를 죽여서 그 피로 사람을 만들어요. 왜 사람을 만드느냐 하면 신들이 노역을 하는데 너무 힘들어서 불평을 많이 합니다. 강뚝도 만들고, 토목 공사를 하고, 뭐 집도 세우고, 전부 다 옛날에는 신들이 했는데, 그 신들이 낮은 신들이죠. 낮은 신들이 불평을 한 것입니다. 너무 일이 많다. 우리 일을 대신할 사람을 좀 만들어달라, 대신할 존재를 만들어달라. 그래서 이 킹구의 피로 사람을 만들어요. 이 신들이 해왔던 노역을 대신하는, 그러니까 신들의 노예로 사람이 창조됩니다. 그런데 창세기 1장을 읽어보면 정말 어마어마한 말씀이 기록돼 있어요. 사람을 하나님의 형상으로 창조했다. 하나님과 비슷하게 창조했다는 말이에요. 어마어마한 말씀입니다. 정복하고 다스리라 그랬잖아요. 이거 대단한 말씀입니다.

창세기 1장을 연구한 신학자들 중의 상당수는 창세기 1장에 인간 해방의 복음이 들어 있다. 그렇게 얘기해요. 진짜 인간 해방의 복음이 창세기 1장에 들어있어요. 마르둑이라는 신은 인간을 노예로 창조했습니다. 그런데 여기에는 사실 정치─종교적인 어떤 구조가 있어요. 바벨론의 왕은 바벨론의 신의 아들이지요. 바벨론의 백성들은 바벨론의 신을 섬기려면 바벨론의 신의 아들이신 바벨론 왕을 섬겨야 됩니다. 그리고 바벨론 왕께서 말씀하시는 온갖 노역을 다 해야 하는 거예요. 바로 이것을 종교적으로 다 엮어놓은 정치신학적인 어떤 내용이 에누마 엘리쉬라는 마르둑 창조신화 속에 들어있는 것입니다. 창조신화에 깊은 정치적 의미가 들어있는 것입니다. 신이 인간을 만든 이유가 창조신화 속에 뚜렷이 등장하는 것입니다. 인간은 바벨론 왕의 종이자 노예로 바벨론 왕이 명하는 모든 노역을 행해야 하는 존재인 것입니다. 새해가 되면 이 창조신화는 새해 축제 때 끊임없이 암송됩니다.

그런데 창세기 1장은 인간을 노예로 창조한 것이 아니고 하나님의 형상으로, 하나님의 대리자로 이 세상을 다스리는 존재로 창조했다는 것입니다. 인간에 대한 어마어마한 규정과 정의가 들어있습니다. 이것은 당시의 종교적 상황에서는 상상할 수도 없는 내용이에요. 창세기 1장은 하나님의 전능하심과 창조주로서의 위대한 사역을 계시하는 책입니다. 서로 싸우고 이기고 지고 하는 중동 지역의 잡신들은 모두 가짜 신임을 계시하고 있는 책입니다. 중동 지역에는 지역마다 자기들이 믿는 신들이 있었습니다. 창세기 1장은 당시의 가장 강력한 신이었던 마르둑까지 가짜임을 선언하는 책입니다. 위대한 신학자 칼 바르트(K. Barth)는 창세기 1장은 마르둑 신화에 영향을 받은 책이 아니고 마르둑 신화와 대결해서 이를 부수는 책이라고 정확하게 해석했습니다. 바르트에 의하면 창세기 1장은 하나님의 놀라운 주권적 창조가 핵심입니다.

하나님은 말씀으로 세상을 창조합니다. 하나님은 혼란스러운 세상에 인간이 살 수 있는 질서를 부여하는 신입니다. 혼돈(Chaos)은 아름다운 질서로 변모합니다. 바벨론 지역에서는 거대한 두 강 때문에 물의 범람으로 도시가 자주 파괴되었습니다. 창조주 하나님은 당시의 최대의 인간의 위협이었던 물도 말씀으로 통제하는 신입니다. 하나님은 인간이 살 수 있도록 초목이 나게 하고, 채소들을 만들고, 열매 맺는 나무들을 만들어서 인간에게 주신 하나님입니다. 창세기 1장은 빛을 창조하시고, 하늘의 두 광명을 만드시고 낮과 밤을 만드신 분도 하나님이심을 선포하는 책입니다. 그리고 이 하나님이 자신과 닮은 존재로 인간을 만드시고, 인간은 자신을 대신해서 세상을 다스리는 존재라는 꿈에도 상상할 수 없는 계시를 전하는 책입니다. 중동 지역의 왕들에게는 창세기 1장이 엄청난 불온 문서일 수 있습니다. 창세기 1장의 인간에 대한 선언은 인간이 왕 같은 존재(하나님의 아들)라는 신약의 계시와 직접 연결되는 계시입니다. 저는 그렇게 생각합니다. 창세기 1장은 진짜 창세기다. 그리고 진짜 역사, 하나님께서 세상을 창조하시고 인간을 창조하신 진짜 역사를 계시한 책이 창세기다. 그렇게 생각을 합니다. 저는 이 해석이 온신학적인 바른 해석이라고 생각합니다.

제 3 부

# 신 학 논 문

# 제 3 부

# 신학논문

## 온신학의 우주관과 하나님의 계속적 창조 (creatio continua)

## 서언

오늘날 세계를 지배하는 우주관은 진화론적 우주관이다. 물질에 의해 모든 것이 생겨났고, 생겨난 것들은 끊임없이 진화하고 있다는 이 우주관은 초등학교에서부터 전문적인 과학을 연구하는 박사과정 이상의 학문의 영역에 이르기까지 강하게 지배하고 있다. 진화론적 우주관이 공적인 영역을 장악하면서 하나님이 세상을 창조했다는 창조론은 사적인 종교의 게토 지역으로 밀려났고, 갈수록 그 힘을 잃으면서, 기독교의 전 세계적인 붕괴와 위기가 현실이 되고 있다.

그런데 진화론적 우주관은 유감스럽게도 바른 우주관이 아니다. 그 이유는 그것이 기독교적 창조론적 우주관과 충돌되기 때문이기도 하지만, 오늘의 첨단의 과학의 과학적 발견과 심각하게 충돌되기 때문이다. 진화론은 과학적 발견에 근거를 두고 있는 이론이다. 그런데 과학적 발견이 진화론과 충돌된다면 진화론의 존립의 근거가 약해질 것이다. 오늘의 첨단의 과학이 발견한 과학적 발견인 우주 속에 존재하는 천문학적인 정보의 문제는 진화론의 기둥을 다이너마이트로 파괴하고 있다.[1] 진화론이 정보의 문제에 부딪혀 붕괴되고 있는 것이다. 정말 진화론이 정보의 문제에 부딪혀 붕괴되고 있을까?

오늘의 첨단의 과학은 우주가 정밀하게 조율되어 있다는 것을 발견했다. 그리고 어쩌면 이 우주가 처음부터 인간 탄생을 향해 정향되어 있는 것 같다는 중요한 것들을 발견했다. 이 모든 발견들은 성경의 우주관과 많은 부분 공명하고 있는 것들이다. 온신학은 오늘의 첨단의 과학이 발견한 과학적 발견들을 참고해서 진화론적

---

1) 데이빗 벌린스키(David Berlinski)는 리차드 도킨스(Richard Dawkins)의 『만들어진 신』(God Delusion, 2006)에 대항하는 『악마의 망상』(Devil's Delusion, 2008)을 저술했다. 벌린스키에 의하면 진화론은 악마의 망상이다. 이유는 과학적 근거가 없기 때문이다. 오늘날 과학이 발견한 정교하게 조율된 우주(A Fine-Tuned Universe), 캄브리아기의 생명체 대폭발(Cambrian Explosion) 및 세포 속의 천문학적 정보 등은 벌린스키에 의하면 진화론이 악마의 망상임을 확실히 드러낸다.

우주관을 극복하는 새로운 신학적 우주관을 제시하고자 한다. 이 신학적 우주관의 중심에는 하나님의 계속적 창조 사역이[2] 있다.

# I. 진화론은 우주에 존재하는 천문학적 정보의 근원을 설명하지 못한다

생명의 우연적 탄생을 주장하기 위하여 진화론자들은 밀러-유리 실험(Miller-Urey Experimemt, 1953)을 오랫동안 언급했다. 이 밀러-유리 실험은 고등학교 생물 교과서에 생명의 탄생이 우연에 의해 생겼다는 것을 주장하기 위해 실려있고, 이 실험 때문에 창조론을 떠난 학생들이 매우 많았다. 이 밀러-유리 실험은 초기 지구의 가상적인 환경을 실험실에서 만들어 유기화합물인 아미노산을 만들어 낸 실험인데, 무기물에서 유기물이 자연 상태에서 우연히 생겨날 수 있다는 것을 입증하고자 한 실험이었다. 이 실험은 수증기($H_2O$), 메테인($CH_4$), 암모니아($NH_3$), 수소($H_2$)를 사용

---

2) 하나님의 계속적 창조 사역에 대해 오늘날 가장 체계적인 신학을 발전시킨 신학자는 위르겐 몰트만(Jürgen Moltmann)이다. 몰트만은 *Zukunft der Schöpfung*(1977), *Gott in der Schöpfung*(1985), *Der Weg Jesu Christi*(1989), *In der Geschichte des dreieinigten Gottes*(1991), *Das Kommen Gottes*(1995) 등의 책을 저술하면서 하나님의 계속적 창조 사역의 자세한 신학적 체계를 완성했다. Günther Tomas 의 저서 *Neue Schöpfung*(2009)에는 광범위한 신학자들의 다양한 관점이 잘 설명되어 있다.

해서 가열된 수증기에 불꽃을 튀게 해서(자연 상태에서의 번개를 흉내 낸 것) 유기물인 아미노산을 만들어 낸 실험이다.

이 실험의 성공으로 진화론자들은 무기물에서 유기물이 생겨나는 화학진화(chemical evolution)가 자연 상태에서 가능하다는 것을 대대적으로 나발을 불었고, 과학에 깊은 지식이 없는 수많은 사람들은 생명이 창조된 것이 아니고 진화된 것이라고 믿게 되었다. 이 실험은 창조론을 붕괴시키고 진화론을 입증시킨, 진화론적 관점에서는 매우 큰 공헌이 있는 실험이었다.

그러나 화학진화의 불가능성은 전혀 다른 차원에서 입증되고 있었다. 그것은 최소의 생명체가 갖고 있을 것으로 추정되는 천문학적 정보가 우연에 의해 생겼을 가능성이 전혀 없다는 사실과 관련되어 있다. 최초의 세포에는 단백질이 있어야 하는데 단백질을 구성하는 아미노산은 20개의 서로 다른 아미노산이 있다. 이 아미노산들이 생명체를 구성하기 위해서는 매우 복잡하고 정교한 방식으로 배열되어야 한다. 단순한 하나의 단백질도 약 250개의 아미노산이 질서정연하게 배열되어야 한다. 최초의 단백질의 아미노산 수를 가장 적게 잡아서 150개의 아미노산이 필요하다고 했을 때, 20의 150승의 경우의 수가 정확하게 맞아야 그 단백질이 기능할 수 있다. 무작위로 우연에 의해 하나의 단백질이 형성되기 위해서는 그 확률은 20의 150 승 분의 일이다. 여기에 왼손형(L) 아미노산과 오른 손형(D) 아미노산의 문제를 연결하면 엄청나게 심각하게 복잡해진다.

자연계에서 화학 작용으로 생겨나는 아미노산은 왼손형(L)과 오른손형(D)이 50: 50으로 생산되는데, 생명체가 사용하는 아미노산은 모두 왼손형(L) 뿐이기 때문이다. 우연에 의해 아미노산이 조립되려면 150개 아미노산이 모두 왼손형(L)으로만 연결되어야 하는 지극히 어려운 경우의 수가 발생한다. 하나의 단순한 단백질 안에 150개의 아미노산이 왼손형(L)만으로 우연히 연결될 확률은 1/2을 계속 150번 곱해야 하는데, 이렇게 곱했을 때 나오는 수는 일경 분의 일을 일경 분의 일로 곱해서 나오는 수보다 월등히 적다. 왼손형(L) 아미노산이 150개가 계속 연결될 확률이 일경 분의 일을 일경 분의 일로 곱한 수보다 월등히 작은데, 아미노산 자체가 20개의 서로 다른 아미노산이 있고, 이것들이 정확하게 제 자리에 들어갈 확률은 이론적으로 계산기 상으로는 상상할 수 있어도, 현실적으로는 없다. 그런데 하나의 세포는 하나의 단백질로만 구성되어 있지 않다. 그러면 그 확률은 어떻게 될까?

최초의 세포라도 단 하나의 단백질이 아닌 다수의 단백질을 필요로 한다. 이 다수의 단백질이 정확하게 기능하기 위해 배열되기 위해서는 천문학적인 경우의 수가 요구된다. 이미 1983년 저명한 영국의 우주론자 프렏 호일(Fred Hoyle) 교수는 "단순한 단세포 유기체를 유지하는데 필요한 단백질이 우연에 의해 생성될 확률을 10의 4만 승 분의 일로 계산했다".[3] 이 말의 뜻은 아미노산이 우연히 생겨나는 것도 쉬운 문제가 아니지만, 생겨난 아미노산을 배열하고 삼차원으로 집을 짓는 설계도가 상상을 초월할 정도로 복잡하다는 뜻이다. 이 설계도에는 10의 4만 승의 정보가 들어 있기 때문에, 자연적으로 생성되는 것이 완전히 불가능하다는 것이다.

더글라스 액스(Douglas Axe)는 최근에 이 문제를 연구해서

---

3) S. C. Meyer, *Signature in the Cell*, 이재신 역, 『세포 속의 시그니처』 (성남: 겨울나무, 2016), 248.

매우 중요한 학술논문을 발표한 학자이다. 엑스에 의하면 호일의 계산과 추정은 거의 정확했다. 엑스에 의하면 최초의 세포에 평균 150개의 아미노산으로 된 단백질이 최소한 250개가 필요하기 때문에 그 경우의 수는 10의 사만 일천 승이다. 이를 다른 말로 표현하면 우연히 최초의 세포를 만들 수 있는 단백질이 형성될 확률은 10의 사만 천 승 분의 일이다. 이 말의 뜻은 자연 상태에서 우연에 의해 최초의 세포의 단백질이 형성될 확률은 없다는 말이다.[4]

그러나 위의 호일이나 엑스의 계산 보다 최근의 계산은 더욱 심각하게 우연에 의해 최초의 생명체가 생겨날 가능성이 없다는 것을 밝혔다. 세포에는 DNA, RNA가 있고 단백질이 있고, 단백질이 서로 연결되어 있는데, 그 안에 들어있는 정보는 천문학적으로 복잡하다. DNA가 어떻게 생겼는지, 정보 저장 기능은 어디서 왔는지, RNA의 번역과 전사 기능은 어디서 왔는지, 생명체의 자기 복제 능력은 어디서 왔는지 등 이것들과 관련된 정보의 총수는 그야말로 천문학적 수를 넘어간다. 세계적 나노 과학자 제임스 투어 (James Tour)에 의하면 단 하나의 효모 세포 안에 존재하고 있는 정보의 수는 10의 790억 승이다. 이 말의 뜻은 세포 하나가 우연에 의해 존재할 가능성은 10의 790억 승 분의 일이다.[5] 10의 790억 승은 이 우주에 존재하는 경우의 수를 능가하는 불가능한 수인데,

---

4) 위의 책, 244-249.

5) 투어(Tour)는 브뤼셀(Brussel) 대학교의 학자 페터 톰파(Peter Tompa)와 존 홉킨스 (John Hopkins) 대학교의 학자 조지 로우즈(Jeorge Rose)가 자세히 연구해서 밝힌 결과를 받아들인 것이다. 톰파와 로우즈에 의하면 하나의 효모 세포 안에 있는 정보의 연결 총수는 790억 승이다. 이것은 우연에 의해 이 세포가 생길 확률은 10의 790억 승 분의 일이라는 뜻이다. James M. Tour, "We are still clueless about the Origin of Life", Discovery Institute(ed.), *The Mystery of Life's Origin* (Seatle: Discovery Institute Press, 2020), 342.

이 가능성이 짧은 지구의 역사 속에 나타나는 것은 불가능하다.[6] 세포 안의 DNA, RNA, 코돈, 아미노산 등은 세포의 구성 요소일 뿐이고, 단백질 상호 간의 결합은 천문학적인 정보가 요구되고, 이 모든 것이 모여 하나의 거대한 공장 같은 구조가 만들어져야 하는데, 이 공장 같은 거대한 구조를 위한 설계도는 우연에 의해 형성될 가능성은 없다. 특정화된 정보는 결코 우연히 생겨나지 않고, 시간의 흐름은 정보를 파괴시키는 방향으로 흐를 뿐이다.[7]

2021년 7월 6일 서울신문은 중국 서남부 윈난성의 쿤밍 인근에서 발굴된 캄브리아기(5억 4100만-4억 8800만년 전)의 화석 2800개가 한꺼번에 발굴되었다고 크게 보도했다. 물론 이것은 학계에 새로운 것은 아니다. 중국 윈난성의 캄브리아기 화석은 이미 1980년 대에 발견되었고, 학계의 많은 연구가 이루어졌다. 그런데 갈수록 놀라운 것은 선캄브리아기의 화석에는 없고, 캄브리아기의 화석에는 어마어마하게 많은 생명체가 갑자기 왜 나타났느냐 하는 점이다. 여기에서 핵심적인 문제는 캄브리아기의 수많은 생명체의 생명체를 형성시키는 천문학적 정보가 어디서 왔는가 하는 문제이다. 삼엽충 하나 안에 들어있는 정보는 투어가 언급한 10의 790억 승과는 비교도 되지 않을 것이다. 투어는 단순한 생명체를 대상으로 계산한 것이기 때문이다. 어쩌면 삼엽충 하나에 10의 790조 승의 정보가 들어 있을지 모른다. 이 정보는 어디서 왔을까? 삼엽충은 놀랍고 정밀하게 설계되어 있다. 그 설계도 속에 존재하는 10의 790 조 승의 정보가 우연히 생겼을까? 삼엽충 이전에 무언가 있었을까? 아직 그 존재는 전혀 나타나고 있지 않다. 현재 언급되고 있

---

6) James M. Tour, "We are still clueless about the Origin of Life", 362-369.

7) S. C. Meyer, 『세포 속의 시그니처』, 382.

는 매우 소수의 선캄브리아기의 생명체에서 삼엽충이나 기타 캄브리아기의 생명체와 연결시키는 것은 과학적으로 거의 불가능하다. 그 존재와 캄브리아기의 삼엽충과는 정보의 차이가 천문학적으로 많기 때문이다.

심각한 문제는 캄브리아기에만 적용되는 것이 아니다. 약 1억 3000만 년 전 경으로 추정되는 꽃피는 식물의 출현은 다윈주의의 아버지 찰스 다윈(Charles Darwin)의 골머리를 썩이는 일이었다. 다윈은 이것을 '구역질 나는'(abnominal) 일로 표현했다. 자신의 진화론으로는 어떤 방식으로도 설명되지 않았기 때문이다. 그럼 오늘에는 설명될까? 오늘에는 더욱 심각하게 설명이 불가능하다. 꽃피는 식물은 게놈이 1000억 개가 넘는다. 1000억 개가 넘는 게놈이 어떻게 단기간에 진화할 수 있을까? 삼엽충의 갑작스런 등장이나 꽃피는 식물의 갑작스런 등장 등은 모두 하나님의 창조를 언급하지 않고는 결코 설명되지 않는다. 천문학적인 정보의 문제는 진화론의 돌연변이나 자연선택의 틀로서는 결코 해명되지 않을 것이다.

밀러-유리 실험의 초기 지구의 상태에 대한 진화론자들의 설명을 모두 인정한다 해도, 그것은 초기 지구에서 하나님이 아미노산을 창조하신 방법을 알아낸 것에 불과할 것이다. 그런데 아미노산의 창조가 상대적으로 단순한 것이라면, DNA, RNA, 및 단백질의 창조나 단백질 상호간의 연결의 문제는 매우 복잡하고 심오한 것이었다. 물론 아미노산의 창조도 우연에 의해 일어날 가능성은 극히 적다. 우리가 실험실에서 만드는 아미노산은 이미 모든 정보를 알고 있는 지성이 깊이 개입되어 만든 아미노산이다. 초기 지구의 척박한 상황이 실험실과 동일할 것이라는 보증은 어디에도 없다. 초기 지구에서 실험실과 같은 상황을 만들 수 있는 분은 창조주 하나님이시다. 아미노산도 우연에 의해 생겨난 것이 아니고 하나님에 의해 창조되었을 것이다.

DNA가 창조되고 RNA가 창조되고 단백질이 만들어지고, 스스로 생명체가 복제할 수 있는 능력을 얻는 것은 우연에 의해 일어날 가능성이 없다. 정말 확률이 적어도, 우연히 초기 지구에 아미노산이 출현할 가능성이 있었다고 상상은 할 수 있다고 해서, DNA, RNA, 단백질 및 자기 복제 능력 등이 우연히 등장할 수 있었다고 상상하면 안 된다. 왜냐하면 그것은 그 속에 들어있는 천문학적인 정보의 기원을 생각하면 완벽한 공상이기 때문이다. 초기 지구의 상태에서는 마이어에 의하면 RNA 염기를 형성하는 아데닌(A), 시토신(C), 구아닌(G), 우라실(U)을 모두 얻는 것도 거의 불가능했다. 초기 지구의 고온 상태에서는 아데닌과 시토신이 합성되는 것은 거의 불가능했기 때문이다.[8]

---

8) 위의 책, 349.

# II. 하나님의 계속적 창조(creatio continua)

## 1. 우주의 근원으로서의 의식과 정보

오랫동안 독일의 막스 플랑크(Max Plack) 연구소의 소장으로 일했고, 독일 뮌헨 대학교의 유명한 물리학자였던 한스 페터 뒤르(Hans-Peter Dürr)는 "양자물리학에서는 창조가 태초에만 이루어지는 것이 아니며, 세계 안에서 일어나는 모든 일들이 계속되는 창조행위의 결과"[9]라고 주장했다. 뒤르에 의하면 전자(electron)는 마치 무에서부터 생겨나는 것처럼 갑자기 나타난다. "전자는 전혀 예측할 수 없게 돌발적으로"[10] 생긴다. 여기에서 중요한 것은 전자(electron)라는 물질이 무에서부터 탄생하듯이 갑자기 생성된다는 것과, 이를 한스 페터 뒤르가 계속적 창조로 해석한 것이다.

우리가 유념해야 하는 중요한 것은 무신론적 진화론 뿐만 아니라 기독교 신학의 유신진화론이 진화적 창조를 언급할 때, 무에서부터의 창조를 언급하는 것이 아니고, 물질이 새로운 물질로 변하는 것을 의미하는, 기존하는 유에서 새로운 결합을 통해 새로운 유가 등장하는 것을 의미하고 있다는 점이다. 그뿐만 아니라 새로운 물질이 갑자기 등장해서 영향을 미치는 것을, 미신 내지는 '틈

---

9) Hans-Peter Dürr, Klaus Michael Meyer-Abich, Hans-Dieter Muscher, Wolfhart Pannenberg, Franz M. Wuketits, Gott, der Mensch unf die Wissenschaft, 여상훈 역, 『신, 인간 그리고 과학』(서울: 도서출판 시유시, 2000), 23.

10) 위의 책, 24.

새의 신'(The God of the gaps)을 끌어오는 것으로, 절대로 있어 서는 안 되는 일로 강력하게 비판하고 있다는 점이다. 그런데 뒤르 가 언급하는 계속적 창조는 무신론적 진화론자들이나 유신진화론 자들이 언급하는 진화 현상과는 상당히 다르다. 그 다름의 핵심은 무에서부터 놀랍게도 유가 나타난다는 데 있다.

1998년 이스라엘의 와이즈만 과학원(Weizmann Institute of Science)의 헤이블럼(Mordelhai Heiblum) 교수팀은 물리학 역사에 가장 아름다운 실험[11]을 성공했다. 이 실험의 성공은 지금 까지의 우주관을 근본적으로 뒤바꿀 수 있는 놀라운 것이었다. 그 변화는 지금까지는 우주는 물질로만 구성되어 있다고 믿었는데,[12] 물질이 아닌 정신이 존재하고 그 정신이 이 우주의 근원일 수 있다 는 것이었다. 양자 물리학의 아버지 막스 플랑크(Max Karl Ernst Ludwig Flanck)는 오래 전에 우주의 토대(matrix)가 의식이라고 생각했고, 닐스 보어(Niels Bohr) 역시 의식(정보)이 있어야 물질

---

11) *Nature* vol. 391(1998, 2), 871-874.

12) 2005년의 유명한 미국의 펜실베니아(Pennsylvania) 주의 작은 도시 도버에서 있었 던 도버 재판(Dover Trial)은 진화론자들이 창조론자(지적 설계론자)들에 대해 승리한 재판으로 지금도 끝없이 언급되고 있다. 이 재판이 규정한 '방법론적 자연주의' 는 과 학 연구에 있어서 모든 형이상학(핵심은 기독교의 창조론)을 제거하고 물질만을 대상으 로 하는, 소위 '순수 과학' 만 언급하게 한 훌륭한 결정으로 진화론자들에 의해 칭송되 고 있지만, 양자역학이라는 오늘날의 최첨단의 과학과 부딪히는 심각한 문제점을 갖고 있다. 물질 배후에 의식과 정보가 있다는 양자역학의 발견은 '방법론적 자연주의' 라는 유물론을 근원적으로 파괴한다. 당시 판결을 한 존즈(John E. Johns 3rd) 판사를 부쉬 (George W. Bush) 대통령이 임명했다는 것을 강조하면서, 존즈 판사까지도 창조론(지 적 설계론)을 거부했다는 주장은 이제 큰 의미가 없다. 오늘의 과학은 양자역학의 발전 으로 물질이 아닌 어떤 것을 깊이 연구하지 않으면 안 되는 심각한 상황에 부딪혀 있다. 그리고 물질이 오히려 이 물질이 아닌 어떤 것에 근거하고 있다는 양자역학의 발견은, '방법론적 자연주의' 로는 과학적 진실을 밝히는데 심각하게 무능하다는 것을 의미한 다. '방법론적 자연주의' 의 한계는 형이상학이 지적하고 있을 뿐만 아니라, 오늘날에 는 과학 자체가 지적하고 있다. 우주는 물질로만 구성되어 있지 않고, 우주보다 더 중요 한 물질 아닌 어떤 것이 우주의 근원으로 존재하고 있다. 이 놀라운 사실에 과학이 부딪 히고, 또한 그것을 발견하고 있기 때문이다.

세계가 있다고 믿었다. 오늘의 양자 물리학자들은 의식에 의해 양자 파동의 붕괴를 실험적으로 직시하면서, 모든 실재의 근원이 의식과 정보라는 인식을 하게 되었다. 토마스 네이글(Tomas Nagel)은 모든 것이 물질이고 물질에 의해 모든 것이 진화되었다는 신다원주의의 자연에 대한 이해는 거의 확실히 오류라고 강력히 주장했다.[13] 양자 물리학자 프렌 앨런 울프(Fred Alan Wolf)는 한 걸음 더 나아가서 우주의 근원으로 영을 언급했고, 이 관점에서 『영적인 우주』(The Spritual Universe)라는 책을 저술했다.[14]

이 변화의 기초가 되는 이스라엘 과학원의 실험의 핵심은 '관찰자 효과'(observer effect)라는 용어로 표현할 수 있는데, 전자(electron)들이 관찰자의 의식과 생각에 영향을 받고 있다는 것이었다. 이 실험의 성공 이후 세계의 여러 중요한 연구소에서 유사한 실험이 이루어졌고 결과는 동일했다. 오늘날 첨단의 양자 물리학자들은 의식과 정보가 물질 보다 먼저 존재했다고 생각하기 시작했고, 눈에 보이는 물질의 세계 너머에 눈에 보이지 않는 의식과 정보의 세계가 있을 수 있다고 느끼게 되었다. 2016년 캐나다 밴프(Banff)에서 모인 세계의 양자 물리학자들은[15] 물질적 우주 뒤에 우주적 정신이 있을 것으로 추론했고, 이 관점에서 우주적 정신(cosmic mind)이 무엇일까에 대해 깊이 토론하게 되었다.

한스 페터 뒤르가 계속적 창조를 언급하면서 무에서부터 창조

---

13) T. Nagel, *Mind & Cosmos Why the Materialist Neo-Darwinian Concept of Nature is Almost Certainly False?* (Oxford: Oxford University Press, 2012).

14) F. A. Wolf, *The Spiritual Universe* (Needham: Moment Point Press, 1996).

15) '관찰자들의 물리학에 대하여'(On the Physics of Observers)라는 주제로 2016년 8월 17일에서 22일까지 캐나다 밴프에서 Foundational Questions Institute (Foxi) 주최의 컨퍼런스.

되듯이 전자들이 갑자기 등장한다는 발견은 우주적 정신에 의해 등장하는 전자일 것이다. 물질이 정신에 의해 탄생하는 것이다. 그러면 이 우주적 정신은 무엇일까? 미국 오레곤(Oregon) 대학교의 양자 물리학자 아미트 고스와미(Amit Goswami)는[16] 오늘의 양자 물리학의 발견은 신으로 가는 길을 열고 있다고 주장했다. 영국 옥스퍼드(Oxford) 대학교의 과학과 종교 분야의 세계적 권위자인 워드 케이스(Ward Keith) 역시 의식과 정보가 우주의 근원이라는 오늘의 양자 물리학의 발견은 신으로 가는 길을 열고 있다는 데에 동의했다.[17]

태초의 창조가 무에서부터 유를 창조하는 창조 사역이라면, 하나님의 계속적 창조 사역은 유에서 유를 창조하는 사역인 동시에, 무에서 유를 창조하는 사역이다. 계속적 창조 사역을 유에서 유를 창조하는 사역으로 제한하면 안 된다. 갑자기 새로운 생명체가 탄생하는 것은 진화론적인 시각에서는 불가해한 사건일 것이다. 진화론적인 시각에서 불가해하다 해서 무에서 유를 창조하시는 하나님의 계속적 창조 사역을 틈새의 신을 불러오는 오류로 부정해서는 안 된다. 하나님의 계속적 창조 사역은 유에서 유를 창조하실 수도 있고, 유에서 유를 창조하는 것과 무에서 유를 창조하는 것을 혼합하실 수도 있고, 갑자기 무에서 유를 창조하실 수도 있다.

하나님의 계속적 창조 사역의 근원은 하나님에게서 오는 정보와 의지이다. 이 정보와 의지가 끊임없이 우주를 새롭게 하는 진정

---

16) Amit Goswami는 *The Selfaware Universe* (1993), Physics of the Soul (2000), *God is not Dead* (2008) 등 많은 양자 물리학의 책을 저술하면서, 우주의 근원에 영이 있고 신이 있다는 것을 밝혔다. 그의 종교적 배경은 기독교가 아니고 힌두교이다.

17) 김명용, 『과학시대의 창조론』(서울: 온신학 출판부, 2020), 32.

한 근원이다. 우주에 존재하는 13개의 물질들(6개의 쿼크, 6개의 렙톤 및 힉스보손)과 4개의 힘들(중력, 전자기력, 강한 핵력 및 약한 핵력)은 이 정보와 의지가 사용하는 도구들로 보인다. 하나님은 이 도구들을 사용하셔서 계속적 창조 사역을 행하시는 것이다.

## 2. 하나님의 계속적 창조인가, 우연적 창발(emergence)인가?

창발이라는 용어는 영어의 '이머전스'(emergence)를 한국어로 번역한 것이다. 그런데 진화론자들은 이 용어를 진화를 설명하는 핵심 용어로 사용한다. 창조론에서 언급하는 하나님의 계속적 창조 사역은, 진화론에서는 물질의 창발을 통한 진화가 된다. 이 창발은 물질이 스스로 무언가 새로운 것을 만든다는 의미이다.

창발이라는 용어는 '창발한다'는 의미가 아닌 '창발된다'라는 의미로 사용하는 경우에는 하나님의 계속적 창조 사역에 자리가 있을 수 있다. 능동형이 아닌 수동형의 의미에서의 '창발됨'은 하나님께서 사용하시는 방법일 수 있다. 그러나 '창발됨'과 진화론은 일치하지 않는다. '창발됨'에 있어서 창조 사역의 주체는 하나님이시지만, 진화론에서의 진화의 주체는 물질이다. 만일 유신진화론이 진화의 과정을 '창발됨'으로 이해한다면, 유신진화론은 하나님의 계속적 창조론에 자리가 있을 수 있다. 그러나 유신진화론이 '창발됨'으로 이해하는지는 매우 불분명하다. '창발한다'라고 보는 것이 다수의 유신진화론의 관점으로 보인다.

'창발하다'와 '창발되다'가 혼재할 수도 있다. 그런데 빅뱅부터 인류의 탄생에 이르기까지 우주의 역사와 생물의 역사를 관통하는 거대한 힘은 하나님의 창조의 능력이었다. 부분적으로 혼재하는 역사가 있을 수는 있지만 과장하면 안 된다. 생물의 역사에서도 수없이 나타나는 생명체 도약(jump)의 사건들은 본질적으로 하나님의 창조의 사건들이다. 그러므로 하나님의 계속적 창조 사역에서 중심을 관통하는 거대한 흐름은 하나님의 창조이고, 우주와 생명체는 '창발되는' 것이지, '창발하는' 것이 아니다.

유명한 유신진화론자인 사이먼 콘웨이 모리스(Simon Conway Morris)의 수렴진화론(convergent evolution theory)에서 자주 언급되는 진화가 어떤 방향으로 수렴되고 있다는 과학적 발견은 매우 의미 있는 발견이다. 모리스는 이 발견들을 기초로 해서 '인간 탄생의 필연성'(Inevitable Humans)을 언급했는데[18] 매우 귀중한 언급이다. 그는 진화의 역사 속에 숨어 있는 어떤 능력과 손길을 발견했다.

하바드(Harvard) 대학교의 유명한 진화생물학자 스티븐 제이 굴드(Stephen Jay Gould)는 진화의 시계를 거꾸로 돌려 처음으로 가서 다시 시작하면, 오늘과 같은 지구의 생명체가 탄생할 확률은 거의 없다고 주장했다. 물론, 인간 탄생도 거의 불가능할 것이다. 굴드에 의하면 진화는 무작위로 창발하는 것이기 때문에 다음 단계에 무엇이 나타날지는 아무도 예상할 수 없다. 그런데 모리스의 수렴진화론은 이 굴드의 이론을 근원적으로 파괴하는 이론이었다. 모리스에 의하면 진화의 방향은 예상할 수 있다. 지구의 탄생으로 우리는 생명체의 탄생을 예견할 수 있고, 인간의 탄생도 예견

---

18) 모리스(Simon Conway Morris)는 2003년에 *Life's Solution*이라는 유명한 책을 저술했는데 이 책의 부제가 *Inevitable Humans in a lonely Universe*이다.

할 수 있다. 모리스에 의하면 진화의 과정은 무작위로 일어나지 않는다. 진화의 과정은 놀랍도록 어떤 방향을 향하고 있다. 모리스는 진화 안에 존재하는 신비한 손길과 힘을 발견했고, 진화의 역사가 신의 창조의 노래일 수 있음을 인정했다.[19] 모리스가 언급한 인간 및 지구 생명체들의 탄생의 "불가피성"(inevitable)은 진화의 과정 안에 목적성이 들어있는 것으로 매우 의미 있는 발견이었다.

연체동물의 카메라 눈과 척추동물의 카메라 눈은 놀랍게도 같은 카메라 눈이고, 매우 유사하다. 시신경과 혈관이 망막 앞쪽(척추동물)에 있느냐 뒤쪽(연체동물)에 있느냐의 정도의 차이가 있을 뿐 기본구조는 같다. 연체동물인 문어의 눈과 척추동물인 사람의 눈이 같은 카메라 눈인 것이다. 연체동물과 척추동물은 진화 계통수가 전혀 다른데 어떻게 동일한 카메라 눈을 갖고 있을까? 수렴 진화의 의미는 진화 계통수는 완전히 다른데도 같은 방향으로 몸의 기관들이 수렴해 있는 것을 의미한다. 무언가 보아야 하는 동일한 환경이 동일한 카메라 눈을 만든 원인일까? 연체동물에 진화의 방식으로 카메라 눈이 생겼다고 하는 것은 카메라 눈이 가지고 있는 정보를 계산하면 일어날 수 없는 기적이 수만 번 일어난 것을 상상해야 한다. 그런데 진화 계통수가 전혀 다른 척추동물에 연체동물과 같은 카메라 눈이 진화의 방식으로 또 생겼다고 하는 것은, 일어날 수 없는 기적이 수억 번 혹은 수조 번 일어났다고 하는 것이다. 엄청나게 복잡한 정보를 가진 것이 꼭 같은 방식으로 서로 다른 곳에서 나타나는 것은, 그 복잡한 정보를 알고 있는 누군가가 그렇게 했다는 것 외의 다른 가능성을 생각하기가 어렵다. 수렴진

---

19) S. C. Morris, "Darwin's Compass: How Evolution Discovers the Song of Creation", *Science and Christian Belief* 18 (2006), 5-22.

화는 명백하게 하나님의 창조를 의미하지만, 진화론자들은 창발한 진화로 판단한다. 카메라 눈은 창발된 것이지, 창발한 것은 아니다. 카메라 눈의 유전자를 이어받지 않았는데, 다른 곳에서 꼭 같은 카메라 눈이 창발할 가능성은 없다.

개미와 흰개미의 수렴진화의 경우에도 마찬가지이다. 개미 공동체는 매우 놀랍다. 개미는 일개미가 있고, 병정개미가 있고, 집을 짓는 개미가 있고, 또 여왕개미가 있어서 하나의 공동체를 형성하고 있는데, 이것은 하나님의 놀라운 창조이다. 어떻게 우연히 개미가 진화해서 어떤 개미는 일개미로, 어떤 개미는 병정개미로, 어떤 개미는 집 짓는 개미로 어떤 개미는 여왕개미로 진화할 수 있을까? 개미 공동체의 놀라운 조화는 하나님의 창조 외에 다른 방식으로 설명하는 것은 매우 어렵다. 그런데 계통수 상으로 벌목에 속하는 개미와는 완전히 진화 계통수가 다른, 바퀴목에 속하는 흰개미의 공동체가 개미 공동체와 매우 유사하다. 흰개미 공통체에도 여왕 흰개미가 있고 일만하는 개미들이 있다. 흰개미 공동체에도 개미 공동체와 마찬가지로 생식을 담당하는 흰개미들은 일하지 않는다. 일은 생식하지 않는 자들의 몫이다. 두 공동체는 매우 유사하다. 이 유사성 때문에 개미와 흰개미는 수렴진화의 대표적 예가 되었다. 그런데 개미 공동체와 흰개미 공동체는 진화적 방식으로, 개미 공동체가 창발하고, 흰개미 공동체가 창발했을까?

개미와 흰개미가 동일한 유전자를 동일한 조상에게서 물려받지 않았는데, 두 공동체가 수렴하는 것은, 동일한 설계도를 갖고 계신 하나님께서, 진화 계통수는 서로 다르지만 유사한 방식으로 살도록 창발시킨 것이다. 수렴진화는 진화론자들이 상상한 것처럼 환경이 만든 진화가 아니다. 그것은 동일한 설계도를 가지신 하나님께서 유사한 환경 속에 처한 생명체의 생존과 번성을 위해 그곳에 창발시켰기 때문에 나타난 것이다. 수렴진화는 진화가 아니고 하나님의 창조이고, 수렴하는 기관을 하나님께서 창발시키신 것이다.

　포유류인 박쥐가 조류인 새들과 같은 날개를 가진 것도 수렴진화의 중요한 예이다. 또 포유류인 돌고래가 상어와 같은 유선형의 피부와 먹이를 포획할 때 중요한 기능을 하는 지느러미를 가진 것 역시 수렴진화의 중요한 예이다. 진화 계통수 상으로는 전혀 다른 갈래에 있는 두 종류가 왜 같은 기관을 갖고 있을까? 진화 계통수 상으로 연결되어야지 동일 유전자를 이어받아서 일부 돌연변이를 했다고(창발했다) 말할 수 있지 않을까? 수렴진화는 진화가 아니고 하나님의 창조를 증명한다. 동일한 설계도를 갖고 계신 하나님께서 환경에 맞게 창발시킨 것이지, 물려받은 유전자도 없는데 돌연변이를 기가 막히게 해서, 몇 경분의 일의 확률도 안 되는 놀라운 시스템을 만들어서 하늘을 나는 날개가 생기고, 또 엄청난 속도를 내고 방향을 순식간에 바꿀 수 있는 유선형의 몸과 지느러미가 창발했다는 것은 매우 우스운 설명이다. 수렴진화는 진화가 아니고 창조이고, 신의 창조 사역을 깊은 곳까지 암시하는 과학적 증거이다.[20]

---

20) 모리스가 수렴진화에서 하나님의 활동을 인식한 것은 매우 훌륭하다. 그러나 모리스는 이를 진화론의 틀 속에서 언급했는데, 이는 큰 오류이다. 자연 속에 존재하는 신비한 방향성과 목적성은 살아계시고, 역사하시는 하나님에게서 오는 것이지, 하나님이 자연 속에 숨겨 놓은 어떤 기능이 아니다. 초기 원시 지구 안에 인간이 탄생하고 수많은 오늘의 생명체가 탄생하는 설계도가 들어있는 것이 아니다. 그 설계도는 하나님 자신께서 갖고 계신다. 원시 지구에는 오늘의 세계의 설계와 관련되는 어떤 것이 있을 수는 있다. 그러나 오늘의 모든 것이 그곳에 있는 것은 아니다.

## 3. 힘들의 장(field)이 우주 진화의 모체일까?

진화론자들은 우주에 존재하는 중력, 전자기력, 핵력 등이 우주진화와 생명체 진화의 궁극적 근원이 아닐까 상상하는데, 이는 근본적인 오류이다. 중력과 같은 힘은 힘의 법칙에 속하는 것들이지, 정보와 같은 우연성과 다양성, 그리고 그것들이 만드는 복잡성과 장엄함과는 거리가 멀다. 리차드 도킨스(Clinton Richard Dawkins)가 생명체의 진화의 메카니즘은 돌연변이와 자연선택이라고 규정했는데, 그러면 생명체가 존재하기 이전의 우주는 어떻게 진화했을까? 생명체가 존재하기 이전의 우주의 진화를 설명하기 위해 진화론자들은 중력이나 전자기력, 핵력 등의 물리적 힘, 그리고 그것들이 만드는 에너지와 힘의 장(field)이 우주진화의 근거라고 상상한다. 그러나 이것은 정보의 출처에 대한 심각한 오류를 만드는 틀린 가정이다. 스티븐 마이어에 의하면 물리적 힘은 질서는 만들어도 정보는 만들 수 없다.[21] 최근에 많이 발견되고 있는 유

---

21) S. C. Meyer, 『세포 속의 시그니처』, 295-301. 옥스퍼드(Oxford)의 신학자 알리스터 맥그래스(Alister E. McGrath)는 화학의 시스템이 생명체를 만들어 낼 수 있을 것으로 가정하는데, 이는 오류이다. 이유는 물리적 힘이나 화학적 힘 모두 정보를 발생시키지 못하기 때문이다. 맥그래스는 씨앗 같은 원리를 상상하는데, 우주의 물리적 힘이나 화학적 질서를 씨앗으로 이해하고 그 속에, 미래에 탄생할 인간과 수많은 생명체의 설계가 숨어 있을 것으로 상상하면서 유신진화론을 주장하는데, 이것은 부분적인 진실을 전체로 확대한 오류이다. 미래에 탄생할 인간과 수많은 생명체의 설계도는 하나님의 계획과 의지 속에 있지, 초기 우주나, 초기 지구의, 물리적 화학적 원리 속에 숨어 있지 않다. 초기 우주나 초기 지구의 물리적 화학적 생태계는 미래에 탄생할 인간과 수많은 생명체를 위한 필요조건인 것은 맞지만, 충분조건은 결코 아니다. 충분조건은 살아계신 하나님에게서 오고, 절대 필요한 설계도와 정보 및 창조의 능력은 하나님 안에 있다. 이것은 초기의 물리적 화학적 생태계에서 결코 찾을 수 없다. 맥그래스가 정교하게 조율된 우주를 강조한 것은 매우 잘 한 것이지만, 씨앗이 발아해서 생명체가 생겨나듯이, 우주의 물리적 힘이나 화학적 법칙이 정교하게 조율된 우주를 만들고, 오늘의 생명체를 만들고, 인간을 만들었다는 가정은, 살아계신 하나님의 창조 사역을 초기의 물리적 힘이나 화학적 법칙 속에 가두는 심각한 오류를 범한 것이다. 하

전 정보 안에 있는 암호화된 메시지들은 물리적 힘이 이 암호 정보를 만들었을 가능성을 완벽하게 배제한다.[22] 암호로 가득 차 있는 생명체가 물리적, 화학적 힘에 의해 생겼다고 말할 수는 없기 때문이다. 세포 안에 있는 암호화 작업 및 암호 해독과 번역 기능을 살펴보면 옥스퍼드(Oxford) 대사전을 크게 능가하는 정보들이 교환되고 있다는 것을 알 수 있다. 물리적 힘이 옥스퍼드 대사전을 만들 수 있을까?

정보는 의식이 있는 인격이 창출하는 것이다. 중력이나 전자기력은 암호로 가득 차 있는 생명체 안에 있는 천문학적으로 많은 정보를 창출할 수 없다. 정보를 깊이 담고 있는 건축학이나 음악이나 문학은 물리학의 힘과는 너무나 거리가 멀다. 중력이 베르샤이유(Versailles) 궁전이나 베토벤(Ludwig van Beethoven)의 교향곡을 결코 만들 수 없고, 전자기력이 세포 속의 천문학적 정보를 창출할 수 없다. 그것은 이미 영국 캠브리지 대학교의 유명한 천문학자 프렌 호일(Fred Hoyel)이 언급한 것처럼, 고물 야적장에서 토네이도가 보잉 747기를 만들어 낼 수는 없다는 것으로 유추해낼 수 있다. 힘과 에너지의 장은 보잉 747기를 만들어내는 결정적인 근거인 복잡한 정보를 창출할 수는 없다. 하나님의 계속적 창조사역을 진화로 계속 언급하고자 하는 무리한 노력이, 물리적 힘이 세계를 창조했다는 기괴한 가정을 만든 것이다.

---

나님은 계속적으로 창조 사역을 하신다. 맥그래스의 주장에 관해서는 다음의 책을 참고하라. Alister E. McGrath, *A Fine-Tunes Universe*, 박규태역, 『정교하게 조율된 우주』 (서울: 한국 기독학생회 출판부, 2014), 309. 맥그래스의 유신진화론의 오류는 물리적 힘이나 화학적 힘이 생명체를 탄생시키고 정보를 탄생시켰다고 생각하는 잘못이다. 이 오류는 각주 20에서 언급한 것처럼 고생물학자 모리스(Simon Conway Morris)의 유신진화론에서도 발견할 수 있다.

22) S. C. Meyer, 『세포 속의 시그니처』, 532-535.

태양이라는 어마어마한 수소 핵 융합 발전소는 중력이나 전자기력 및 핵력에 의해 만들어질 수 없다. 그곳에는 엄청난 정보가 있어야 하고, 21세기의 첨단 과학도 아직 완전히 파악하지 못한 복잡한 설계도가 있어야 한다. 이 정보는 하나님에게서 왔을 것이다. 중력이나 전자기력 및 핵력은, 복잡한 설계도를 갖고 계신 하나님께서 그 설계도에 따라 태양이라는 어마어마한 수소 핵 융합 발전소를 만들 때, 사용하는 도구일 것이다. 수소, 헬륨, 산소, 탄소, 네온, 철, 질소, 규소, 마그네슘, 황, 니켈 등의 물질들 역시 하나님께서 설계도에 따라 사용하시는 물질일 것이다. 정보가 먼저이고, 힘이나 물질은 이 정보에 따라 사용되고 형성되는 어떤 것이지, 이 순서를 뒤바꾸면 안 된다. 오늘의 양자역학의 물질 이전에 정보가 있다는 발견은 이 문제에 대한 바른 답을 내는데 매우 중요하다. 진화론의 오류는 이 순서를 뒤바꾼 데 있다.

하나님의 계속적 창조 사역 속에는 하나님의 영의 의지와 하나님으로부터 오는 힘과 정보에 기초한 '창발됨'이 중심적 개념이다.[23] 진화론자들이 언급하는 우주의 먼지가 모여 중력에 의해 태양이 되었다는 것은 거짓일 것이다. 그러나 우주의 많은 물질이 모인 곳(성운)에서 하나님께서 태양을 창발시킬 수는 있을 것이다. 그러나 이 창발은 매우 복잡할 것이다. 이 창발은 중력이나 전자기력에 의해 생기는 것이 아니다. 그것은 하나님에게서 오는 엄청난 정

---

23) 몰트만(J. Moltmann)에 의하면 신학적으로 '하나님의 창조의 의지' (der Schöpfungswille Gottes)라고 부르는 것은 자연과학적으로는 '우발성'(Kontingenz), '우연'(Zufall), 혹은 '도약'(Sprung)이라고 부른다. J. Moltmann, "Die Welt als Schöpfung und Natur", Wolf Krötke, Jörg Hacker, Dietmar Mieth, Arnold Benz, Jürgen Moltmann, *Die Welt als Schöpfung und als Natur* (Neukirchen-Vluyn: Neukircherner Verlag, 2002), 101. 몰트만은 물질의 '자기 조직화' (Selbstorganisation)를 통해 간단한 물질에서 인간의 뇌까지 창발했다는 것은 오류라고 밝혔다. 자연의 역사의 '우발성'의 근원은 몰트만에 의하면 하나님의 의지이다.

보와 힘이 기초가 되어 일어나는 일이다. 그것은 무에서 유를 창조하시는 하나님의 주권적 창조 사역인데, 이 창조 과정에서 성운을 사용하시는 창발적 사역을 하나님께서 하실 수 있다. 하나님의 계속적 창조 사역 안에 있는 창발은 무에서 유가 창조되는 창발을 포함한다. 이 점은 유신진화론의 시야에는 없는, 계속적 창조론의 중요한 관점이다. 중요한 것은 하나님의 계속적 창조 사역의 주체는 하나님 자신이라는 사실이다. 우주의 시작에서부터 인간의 창조에 이르기까지 창조 사역의 주체는 하나님이시다. 물질이나 물질 사이의 물리적 힘이 이 우주를 만들고 인간을 만들었다는 우상숭배적 사상은 거부되어야 한다.

## 4. '자기 조직화' (self-organizing)가 진화의 동인일까?

하나님의 계속적 창조 사역의 역사에 피조물은 언제나 피동적인가? 아니다! 피조물도 하나님의 계속적 창조 사역에 동참하고 있다. 피조물이 만드는 아름다움도 있고, 피조물의 변화도 있고, 피조물이 만드는 혼란도 있다. 피조물에 의한 우주의 위기도 있을 수 있다. 하나님은 자유의 신이시기 때문에 모든 피조물에게 자유를 주셨다. 그런데 중요한 것은 피조물이 갖고 있는 자유는 상대적이고 제한성이 있다는 점이다. 다윈(Charles Robert Darwin)이 갈라파고스(Galapagos) 군도에서 발견한 핀치(finch)의 부리의 변화는 모든 생명체 속에 있는 생명체의 자유이고, 변화의 가능성이자 동시에 제한성이다. 환경에 적응하기 위해 존재하는 생명체들의 변화들은 생명체 속에 존재하는 자유이고 가능성이지만 무한히 뻗

어갈 수 있는 것들은 아니다.[24] 핀치의 주둥이는 변할 수 있어도 핀치가 독수리가 되거나 공작이 되지는 않는다. 인간이 100년을 살다가 죽는 것과 마찬가지로 모든 생명체 속에 존재하는 자유와 가능성에는 제한성이 있다. 생명체의 변종들을 발견하고 침소봉대해서 어마어마한 진화를 가정하고 상상한 것은 과학적 진실은 아니다.

이 우주는 처음부터 창조되었고, 태양도 창조되었고, 지구도 창조되었다. 그리고 지구상의 모든 생명체도 창조되었고, 인간도 창조되었다. 박테리아가 인간을 만들지 못한다. 그것은 엄청난 공상이다. 캄브리아기의 생명체 대폭발의 사건은[25] 하나님의 창조 사역이지 생명체의 '자기 조직화'(self-organizing)라는 개념으로는 절대로 설명 불가능하다. 1000억 개가 넘는 게놈을 가진 꽃피는 식물들의 출현 역시 '자기 조직화'라는 틀을 가지고 설명할 수 없다. 마이어(S. C. Meyer)는 그의 책 『세포 속의 시그니처』에서 '자기 조직화'라는 틀로 진화를 설명할 수 없는 과학적 이유들을 자세히 설명했다.[26] 마이어에 의하면 캄브리아기의 생명체 대폭발은 '캄브리아기의 정보의 대폭발'(Cambrian information explosion)이다. 1억 3000만년 전의 꽃씨 식물의 출현도 어마어마한 정보의 대폭발이다. 이 천문학적인 정보는 생명체의 '자기 조직화'의 틀로서는 설명이 불가능하다. 스스로 변하는 돌연변이의 범위는 제한

---

24) 생명체의 환경에 적응하는 변화들이 무작위적 돌연변이인지, 사전에 프로그램이 되어 있는 것인지는 논쟁의 여지가 있다. 이 논쟁이 일어나는 배경은 돌연변이가 무한하지 않고, 제한적이고, 다시 원래의 상태로 돌아가는 경우도 많이 있기 때문이다.

25) 이 도약(Sprung)의 근거는 몰트만의 관점에 의하면 하나님의 의지이다. 위의 책, 99-102.

26) S. C. Meyer, 『세포 속의 시그니처』, 266-292.

되어 있다. 돌연변이가 어마어마한 생명체의 천문학적 정보를 만들 수는 없다. 그뿐만 아니라 일반적으로 돌연변이는 생명체를 희생시키고 죽음으로 이끌어 간다. 자연선택은 가혹하고, 변이가 일어난 것들은 가차 없이 죽인다. 성공하는 작은 변이들은 하나님께서 다양한 환경에 적응해서 살도록 미리 유연성을 만들어 둔 것들이다. '자기 조직화'를 통한 진화라는 사상은 피조물이 갖고 있는 제한된 자유를 무리하게 침소봉대한 오류이다.

마이어에 의하면 생명의 핵심인 단백질을 연구해 보면 참으로 진화가 일어났는지 아닌지를 알 수 있는데, 진화론자들이 주장하는 진화했다는 생명체의 단백질의 순서와 구조를 보면, 모두 낮은 단계인 2차원의 세계에서 일어난 작은 변화들이었다. 낮은 단계의 변화들은 관측된다. DNA 서열의 변화에서 일어나는 것들은 낮은 단계의 변화들이다. 그것들은 어떤 것도 생명체의 중요한 형태학적 변화의 기초가 되지 못한다.[27] 생명체의 "주된 형태학적 변화는 DNA 단독으로 결정하지 못하는 훨씬 더 높은 수준인 구성적 계층에서의 배열의 특이성에 의존한다".[28] 생명체의 진정한 진화는 3차원의 세계에서 일어나야 한다. 이 3차원의 세계인 단백질 접힘의 영역에서 일어난 진화는 현재까지 그 어떤 것도 발견되지 않았다.[29] 3차원의 세계에서의 변화란 전체 시스템의 변화를 의미한다. 이 높은 수준의 전체 시스템을 규정하는 설계도에서 변화가 일어나야 지 생명체의 진정한 형태학적 변화가 일어난다. 3차원의 세계인 단

---

27) 위의 책, 543-546.

28) 위의 책, 546.

29) S. C. Meyer, *Darwin's Doubt*, 이재신 역, 『다윈의 의문』 (경기: 겨울나무, 2017), 296-303.

백질 접힘의 영역에서 설계도가 변하고 진화가 일어나려면 천문학적 정보가 있어야 한다. 그 천문학적 정보에 따라 단백질이 접히고 정확한 위치에 존재해야 한다. 그런데 이 천문학적 정보는 자연적으로 발생할 가능성은 없다. 세포 속에 존재하는 화학적 인력은 정보를 발생시키지 못한다. 더구나 복잡한 정보의 발생은 더더욱 불가능하다.[30] 정보가 발생하려면 정보를 계획하고 주입하는 복잡한 설계도를 만드는 지성이 필요하기 때문이다.[31]

## 5. '틈새의 신'(The God of the Gaps)의 문제에 대한 새로운 해석

'틈새의 신'이란 현대과학이 과학으로 설명할 수 없는 틈새에, 신이 존재하고 신의 역사가 있다고 생각하는 관점인데, 일반적으로 과학적이지 않은 종교인들의 생각을 폄하하고 비난할 때에 많

---

30) S. C. Meyer, 『세포 속의 시그니처』, 282-285.

31) 인간의 자아는 뇌에 불과하고, 뇌 속의 화학적, 전기적 반응에서 의식이 창출되고, 정보가 생성된다는 '강한 창발'(strong emergence) 사상 역시 순서를 뒤집어서 잘못 이해한 오늘의 진화론의 심각한 오류의 대표적 예이다. 이 심각한 오류에서 인간과 동일한 감정을 가진 인공지능 인간(AI), 혹은 인간을 능가하는 인공지능 인간을 진화론자들은 상상하고 있는데 그 상상은 물론 오류이다. 인간에게는 뇌와 구별되는 자아(혹은 영혼)가 존재한다. 자아는 보이지 않는 세계에 속하는 존재이지만 실존하는 존재이다. 우리는 양자역학이 보이지 않는 세계를 발견하기 시작했다는 점을 유념해야 한다. 이 자아는 하나님으로부터 창조된 존재이다. 이 자아가 정보를 주입하면 뇌에서는 화학적, 전기적 반응이 일어난다. 인간의 자아는 뇌에서 일어나는 화학적, 전기적 반응을 읽어내는 능력이 있다. 이것은 사람이 문자로 된 책을 읽어내는 것과 같다. 문자가 스스로 사상을 만들고 이야기를 만들지 못한다. 헤밍웨이(Ernest Miller Hemingway)의 소설은 헤밍웨이가 쓴 것이지, 문자가 스스로 놀라운 능력을 사용해서 기가 막히게 위대한 소설을 만들어 낼 수는 없다. 화학적, 전기적 반응은 스스로 정보를 만들지 못한다. '강한 창발'은 환상이지, 현재까지 그 어떤 과학자도 과학적 근거를 밝히지 못했다.

이 사용되는 용어이다. 천문학, 기상학, 의학, 생물학, 지구과학, 심리학 등이 급속도로 발전하면서 과거에 신의 영역이라고 생각되던 것들(예, 번개, 지진, 질병의 치유 등)이 이제는 과학의 관점에서 해명되었기 때문에 신의 영역은 점점 축소되었고, 아직도 과학으로 설명하지 못하는 틈새의 영역에 신이 존재하는데, 머지않아 과학이 더 발전하면 이 영역에 있던 신은 마지막 자리를 빼앗기고 퇴장할 것이라는 것이, 과학자들이 '틈새의 신'을 비판하는 요지이다.

그런데 '틈새의 신'을 비판하는 비판은 오늘날 과학의 영역에만 엄청나게 강한 것이 아니다. 신학의 영역에서도 '틈새의 신'은 경멸의 대상이 되고 있다. 학문적인 신학을 하는 신학자들은 '틈새의 신'을 비판하는 것을 자신의 학문성을 입증하는 것처럼 생각할 정도로, '틈새의 신'에 대한 비판은 신학계에도 주류로 자리 잡고 있다. '틈새의 신'에 대한 비판은 디이트리히 본회퍼(Dietrich Bonhoeffer)가 1944년 5월 29일 자기의 친구였던 에버하르트 베트게(Eberhard Bethege)에게 보낸 옥중서신에 나타나는데, 본회퍼의 신학적 위상이 신학계에 높아지면서, '틈새의 신'에 대한 비판은 학문적인 신학자라면 당연히 해야 하고, 거부해야 하는 관점으로 자리 잡게 되었다. 물론 이렇게 자리 잡게 된 더 큰 이유는, 과학적 발견을 수용하고자 하는 신학자들의 관점이 크게 영향을 미친 것인데, 가장 심각한 문제는 '틈새의 신'을 완전히 몰아내면 신은 과연 어디에 있을까 하는 문제에 있다. 더 큰 문제는 '틈새의 신'을 몰아내면서 기적을 일으키는 신도 같이 몰려나가지 않을까 하는 문제이다. 모든 것이 과학적으로 설명되고 나면 기적을 일으키는 전능하신 신이 존재할 자리가 없다.

'틈새의 신'을 몰아내는 배경에는 '틈새의 신'에 대한 믿음이 미신일 수 있다는 신학자들의 우려가 깊이 존재하지만, 동시에 전능하신 하나님에 대한 신학자들의 변화된 사고도 크게 영향을 미치고 있다. 오늘날 세계에 크게 영향을 미치고 있는 과정신학 (ProcessTheology)은 전통적인 신학이 언급했던 신의 전능성을 우스꽝스러운 옛 시대의 사고로 만들어버렸고, 기적을 일으키는 기도의 능력에 대해서도 '틈새의 신'의 활동과 공명하는 차원으로 해석하고 있다. 과정신학에 의하면 하나님은 전능하지 않다. 하나님은 인간과 세상과 함께 무언가 하고 있지만, 인간과 세상의 정상적인 활동을 부수면서 기적을 일으키지는 않는다. 인간과 세상의 역사의 주체는 인간과 세상 자체이다. 전통적인 신학이 강조하던 하나님이 역사의 주라는 관점은 크게 바뀌고, 신은 인간과 세상이 스스로 만들고 있는 역사에 숨어 있는 조력자(helper) 내지는 상담자(consultant)의 역할을 할 뿐이다. 과정신학은 신의 이와 같은 이단적인 모습에, 신의 '케노시스'(낮아지심)라는 기독론적 해석을 붙였는데, 반면에 그리스도의 부활에 나타나는 신의 전능한 능력에 대해서는 언급이 없는 심각한 문제점을 갖고 있다.

예수 그리스도의 기적적 활동들은 부활에 나타나는 전능한 하나님의 역사와 상응하는 매우 중요한 역사이고, 이 이야기가 복음서를 관통하는 핵심 중의 핵심이다. 성경에 가득 차 있는 기적에 관한 이야기들은 하나님이 어떤 분이시며, 하나님의 구원과 하나님의 역사가 어떠한 것임을 계시하는 매우 중요한 이야기들이다. "내 집은 만민이 기도하는 집이다"(막11:17)라고 말씀하신 예수님의 말씀은 기도의 중요성을 깊이 내포하고 있는 말씀이다. 성경은 전능하신 하나님을 가르치고 있고, 우리의 삶과 세상의 역사 속에 기적을 일으키고, 새 역사를 만드시는 하나님을 계시하고 있다.

새 역사를 만드시는 하나님의 역사는, 지금까지의 역사와 비교하면 질적으로 다른 새로움이다. 몰트만은 이 새로움을 '노붐'(novum)이라고 칭했다.[32] 부활의 빛에서부터 이 세상으로 뚫고 들어오는 이 새로운 빛은 과거의 방식으로 설명되지 않는 놀라움이다. 하나님의 나라는 이 빛이 뚫고 들어오는 곳에 존재하고, 그곳에서부터 확장된다. 독재의 견고한 지배가 무너지고, 정의와 민주주의가 만들어지는 그곳에, 동서냉전이 붕괴하고 베를린(Berlin) 장벽이 무너지는 그곳에, 희망이 없던 병자들이 살아나는 그곳에, 부활의 빛에서부터 오는 구원의 빛이 존재한다. 이 빛은 놀라움이고 기적이다.

오늘의 양자역학은 우주의 근거가 의식이고 정보라고 밝혔다. 최근에 물리학계에서 언급되고 있는 우주적 정신(cosmic mind)은 하나님의 영일 것이다. 한스 페터 뒤르가 언급한 어디에선가 나타나는 입자들은 우주적 정신과 관련되었을 가능성이 많고, 하나님의 영에 의한 것일 가능성이 많다. 세상에는 물질만 존재하고 있다는 진화론적 과학은 양자역학에 의해 붕괴되고 있다. 뒤르가 언급한 계속적 창조 사역은 새 창조 사역일 수 있다. 하나님의 영에 의해 생겨나고 활동하는 입자들은 사람의 생각을 바꿀 수도 있고, 병을 치유할 수도 있다. 그것은 기적을 일으킬 수도 있다. 하나님이 자연의 역사와 인간의 역사에 개입해서 새로운 놀라운 역사를 만드는 다양한 방법에 대해 우리는 모두 알지는 못하다. 그렇지만 양자역학의 최근의 발전은 하나님이 자연의 역사와 인간의 역사에 행

---

32) 새로움의 본질적인 의미를 밝힌 몰트만의 『희망의 신학』(*Theologie der Hoffnung*, 1964)은 20세기 후반의 세계 역사를 바꾸는 사상적 근거로 엄청난 영향을 미쳤다. 한국의 민주화도 이 몰트만의 사상적 영향과 깊은 관련이 있다.

하시고 개입하시는 놀라운 사역의 어떤 차원을 열어 보이는 것으로 보인다.

　'틈새의 신'에 대한 비판은 모든 것은 물질이고, 물질의 변화는 물질 상호간의 인과관계에 의해서만 변한다는 유물론적 사고가 그 배경에 있다. 그러나 오늘의 양자역학은 보이는 물질세계 뒤에 존재하는, 우주의 더욱 본질적이고 근원적인 보이지 않는 세계의 경계에 도달한 것으로 보인다.[33] 신학이 물질주의적 사고에 매몰되어 하나님의 초월적 사역을 포기하고, 초월적으로 역사하는 하나님의 놀라운 사역과 기적을 '틈새의 신'을 불러오는 행위라고 비판하는 것은, 신학이 자신의 고유의 영역을 포기하는 행위로 보인다. 이렇게 되면 신학은 자신의 영광과 위엄을 잃고, 세상에서 일어난 옛 질서의 일들을 종교적으로 해석하고 의미나 부여하는 하찮은 학문으로 전락하게 된다. 이것은 세상의 일이나 세상의 학문의 귀퉁이에서, 소위, 종교적 사역을 하는 하부 기구로 전락한 것을 의미한다. 오늘의 신학이 물질주의에 매몰되어 있는 것은 신학의 위기이자 교회의 위기이다.

---

33) 김명용, 『과학시대의 창조론』, 27-45.

# III. 새로운 우주관: 그리스도 중심적 우주원리[34]

요한복음 1장에서 말씀으로 번역된 '로고스'(logos)는 원래의 의미는 우주의 이법이다. 헬라세계에서 로고스는 매우 알려져 있는 개념으로 헬라의 철학자들은 우주를 지배하는 법칙, 질서, 원리, 힘 등을 의미하는 단어였다. 그런데 이 단어를 말씀으로 번역한 것은 상당히 문제가 있는 것으로 보인다. 한글 번역의 초기의 성경은 '도'로 번역했었는데 이 번역은 원래의 의미에 상대적으로 더가깝다.

이 '로고스'가 육신이 되었다(요1:14)는 말은 기독교의 우주론에 매우 중요한 말이다. 그것은 우주의 모든 것이 그리스도 안에 있다는 뜻이기 때문이다. 자연과학자들이 발견하고자 하는 과학적 진리나, 철학자들이 찾고 있는 인간과 우주의 운명 등의 모든 것이 그리스도 안에 있다는 뜻이다. 그리스도를 통해 계시된 부활과 우주의 변화 및 새 하늘과 새 땅은 자연과학자들과 철학자들이 찾고 있는 우주의 미래이다.

우주의 미래만 그리스도 안에 있는 것이 아니다. 우주의 시작도 그리스도로부터 시작되었다. "태초에 '로고스'가 하나님과 함께 계셨다"(요1:2). "만물이 '로고스'로 말미암아 지은 바 되었다"(요

---

34) 칼 바르트(Karl Barth)의 그리스도 중심적 신학을 이 글에서는 우주적 차원으로 최초로 확대하고자 한다. 이 확대를 위한 중요한 신학적 유산은 몰트만(J. Moltmann)과 샤르뎅(Teilhard de Chardin)의 신학이다. 온신학은 우주적 차원으로 확대된 그리스도 중심적 신학이 우주의 문제에 대한 온전한 답을 할 수 있다고 생각한다.

1:3). 우주의 시작과 미래는 '로고스'를 떼어놓고는 결코 이해할 수 없다. 온전한 우주관은 '로고스'로부터 시작해야 한다. 우주를 바르게 이해하기 위해서는 '로고스'에 대한 이해는 절대적이다. 요한복음은 만물은 '로고스' 안에 있고 '로고스'가 지었다고 강조하고 있다.

떼이야르 드 샤르뎅(Teilhard de Chardin)이 언급한 '우주적 그리스도의 몸' 사상은 성서적 근거를 갖고 있는 것으로 보인다. "만물이 그에게서 창조되되 하늘과 땅에서 보이는 것들과 보이지 않는 것들과 … 만물이 다 그로 말미암고 그를 위하여 창조되었고"(골1:16). 그런데 골1:16의 마지막 부분의 "그를 위하여"는 번역의 오류이다. 헬라어 '에이스'(eis)는 위하여(for)의 의미가 아니고, 향하여(to)나 안을 향하여(into)의 의미이기 때문이다. 이 말의 의미는, 샤르뎅의 의미를 빌려오면, 만물이 우주적 그리스도의 몸을 형성하는 방향을 향하고 있다는 뜻이다.

동방교회의 신학에서 자주 나타나는 우주의 신성화는 신학적으로 세밀하게 사용할 필요가 있는 개념이다. 우주가 신이 된다는 의미라기보다는 우주가 신의 영광에 참여하는 기쁨을 의미하는 개념으로 보는 것이 옳을 것이다. 인간은 부활해서 그리스도의 영광에 참여하고, 우주도 변화되어서 그리스도의 나라의 영광에 참여하는 것이다. 에베소서1;10의 "하늘에 있는 것이나 땅에 있는 것이나 그리스도 안에서 통일되게 하려 하심이라"는 말씀은 그리스도 중심적 우주원리를 매우 잘 표현하는 말씀이다.

우주는 시작부터 그리스도로부터(요1:3)이고, 현존하는 우주도 그리스도 안에 있고(골1:17), 우주의 미래도 그리스도를 향하고(골1:16) 있다. 그리고 우주의 모든 이법도 '로고스'이신 그리스도 안에 있다. 그리스도를 모르면 우주를 바르게 이해할 수 없다.

요한복음은 이 우주의 모든 것을 의미하는 '로고스'가 육신이 되어 세상에 나타났다는 것을 1장에서 강조하고 있다. 에베소서에 의하면 인간 예수의 탄생은 태초부터 있었던 하나님의 계획이자 예정이었다. 태초부터 있었던 하나님의 계획과 예정은 그리스도를 통해 우리를 구원하는 것이었고, 하늘과 땅에 있는 모든 것이 그리스도 안에서 통일되는 것이었다. 성도들의 선택과 구원은 태초부터 "예정"(엡1:11)되어 있었고, 성도들의 미래는 하나님의 영광을 찬송하는 "영광의 찬송"(엡1:14)이 되는 것이었다. 골로새서는 그리스도의 오심과 죽음의 깊은 의미를 만물을 하나님과 화목하게 하시려는 깊은 우주적 차원의 계획 속에서(골1:20) 이루어졌음을 증언하고 있다.

태초의 우주의 창조는 그리스도 탄생을 향해 정향되어 있었다. 이것은 성경 전체가 언급하는 성경의 핵심적 가르침이다. 그런데 최근의 세계의 물리학자들과 생물학자들이 언급하고 강조하는 인간중심의 우주원리는 이 성경의 가르침과 상당부분 공명하고 있다. 배로우(John D. Barrow)와 티플러(Frank J. Tipler)가 공동으로 저술해서 1986년에 출간한 『인간중심의 우주 원리』(*The anthropic cosmological principle*)는 우주의 정교하게 조율됨과 이 모든 조율이 인간의 탄생을 향하고 있다는 매우 중요한 과학적 발견인데,[35] 오늘날 이를 부정하는 것은 쉽지 않아 보인다. 무

---

35) 이 놀라운 발견은 1950년 대에 이미 프렌 호일(Fred Hoyle)이 탄소를 연구하며 발견하고 있었다. 호일은 이미 인간 중심 사상을 언급했고, 탄소가 갖고 있는 생명 친화성과 그 안에 담긴 신학적 깊은 의미를 인식하고 있었다. 참고하라. A. McGrath, *A Fine-Tuned Universe*, 290-291. 유사한 중요한 발견은 2000년 피터 와드(Peter D. Ward)와 도널드 브라우니(Donald E. Brownlee)가 공동으로 저술한 책 『희귀한 지구』(*Rare Earth*)에서 언급된 희귀한 지구 가설이다. 이 희귀한 지구 가설은 폴 데

신론자들은 약한 인류 원리를 언급하면서 현재 인류가 탄생한 상태에서 뒤돌아 보니 우연하게 그렇게 조율된 것으로 보인다고 얼버무리고 있는데 과학적인 설득력이 매우 약하다. 영국 캠브리지 (Cambridge) 대학교의 상징적인 고생물학자 사이먼 콘웨이 모리스(Simon Conway Morris)는 인간 중심의 우주원리를 물리학적인 차원이 아닌 생물학적인 차원에서 증명했다. 그에 의하면 인류의 탄생은 필연적(Inevitable Humans)이었다.

오늘의 대표적인 무신론적 진화론자인 리처드 도킨스가 한국을 방문해서 강연했을 때, 우주의 정교하게 조율됨은 신의 창조를 지시하는 것이 아닌가? 라는 질문을 받고, 대답하기를 우주의 정교하게 조율됨이나 인류중심 원리와 같은 것들은 우연에 기인한 것이라는 것을 강조하면서 다중우주론을 언급했다. 양자역학에 의하면 10의 500승의 우주가 존재할 가능성이 있는데 10의 500승의 우주 가운데 우연히 우리가 있는 우주는 존재할 수 있다고 그는 대답했다. 하나님의 창조와 우주의 정교하게 조율됨 및 인류중심 원리를 부정하는 오늘의 가장 강력한 무신론자들의 무기는 다중우주론으로 보인다.[36]

---

이비스(Paul Davis)의 『골디락스 수수께끼』(*The Goldilocks Enigma*)와 공명하는 이론으로 지구가 생명체가 살기에 너무나도 적합하게 만들어져 있는데, 이는 우주 전체를 통틀어도 매우 희귀하다는 주장이다. 일찍이, 프리맨 다이슨(Freeman Dyson)은 우주를 살펴보면 우주라는 구조물의 세부를 연구할수록, 우주는 우리가 장차 등장하리라는 것을 알고 있었을 것으로 보이는 증거들을 더 많이 발견할 수 있다고 언급했다. Freeman J. Dyson, *Disturbing the Universe* (New York: Harper & Rows, 1979), 250.

36) 스티븐 와이버그(Steven Weinberg)나 레너드 서스킨트(Leonard Suskind) 등 무신론을 주장하는 학자들도 신을 가정하지 않아도 될 가능성 때문에 이 이론을 좋아하고 있다. 그러나 알리스터 맥그래스(Alister McGrath)에 의하면 아직까지 이 이론은 "다분히 사변적인 수학 작업의 결과" 정도의 이론이고, "우주 안에 존재하는 정교한 조율이 가질 수 있는 신학적 의미를 열심히 무너뜨리고 싶어 하는 무신론자들이 채택"하고

그런데 이 다중우주론은 10의 500승이라는 엄청난 숫자가 무기인데, 이미 위에서 밝힌 것처럼 효모 세포 하나가 존재하기 위한 정보의 총수는, 제임스 투어에 의하면 10의 790억 승이다. 즉, 세포 하나가 우연히 존재하기 위한 가능성은 10의 790억 승 분의 1이다. 수소 핵 융합 발전소인 태양이 우연히 존재하기 위한 가능성은 10의 790억 승을 몇억 배 초과할 가능성이 있다. 우주에 존재하는 무한히 많은 사물과 생명이 우연히 존재하려면 10의 790억 승 분의 1이 아닌 10의 790경 승 분의 1을 넘을 것이다. 10의 500승은 우리가 사는 우주의 정교하게 조율됨의 확률과 비교하면 1경 분의 1도 안 되는 지극히 작은 수일 뿐이다. 핵심은 우리가 살고 있는 우주가 우연히 존재할 가능성은 철학적으로 신학적으로 불가능할 뿐만 아니라, 과학적으로도 불가능하고, 수학적으로도 불가능하다.

다중우주가 존재한다면 그 존재하는 우주도 하나님께서 창조하셨을 것이다. 우리가 사는 우주가 아닌 다른 우주가 존재한다면 그 우주 역시 정교하게 조율된 우주일 것이다. 그 우주 역시 우연히 존재할 가능성이 없다. 다중우주가 존재한다면 그것은 하나님의 창조 사역의 장엄함을 나타내는 것이다. 우리가 사는 우주만으로도 하나님의 창조 사역은 더할 나위 없이 장엄한데 또 다른 우주가 있다면 그것은 하나님의 창조 사역의 장엄함을 엄청나게 더 하는 것이다. 어쩌면 다중우주가 우리가 죽음 이후에 경험하는 새로운 세계일지 모른다. 하나님의 세계는 우리가 사는 우주로 제한할 수 없기 때문이다.

---

있는 어리석은 이론이다. A. McGrath, *A Fine-Tuned Universe*, 272.

태초의 하나님의 창조 사역은 지구에서의 인간의 탄생을 향해 정향되어 있었다.[37] 인간의 탄생과 함께 성도 각 한 사람에 대한 예정 역시 이미 창조의 시작에 계획되어 있었다. "내가 너를 모태에 짓기 전에 너를 알았고, 네가 배에서 나오기 전에 너를 성별하였고 너를 여러 나라의 선지자로 세웠노라"(렘1:5). 예정론은 사변이 아니고 하나님의 절대적 주권과 장엄함 및 그의 놀라울 정도로 세밀한 계획을 설명하는 이론이다. 예레미야에게 말씀하신 이 하나님의 말씀은 문자 그대로 진실이다. 하나님께서 우리의 머리털 하나까지 다 세고 계신다(눅12:7)는 예수님의 말씀은 과장이 아니다. 우리의 머리카락 숫자는 이 우주의 정교하게 조율됨과 비교하면 너무나 하찮은 것이다. 성도들의 삶 속에 나타나는 세밀한 하나님의 계획과 섭리 역시 우주의 정교하게 조율됨을 생각해 보면 충분히 이해할 수 있다.

계시의 핵심인 예수 그리스도의 성육 및 죽음과 부활은 인류 공동체의 존재를 전제로 한다. 인류가 존재하지 않는데 그리스도께서 성육하실 필요는 없었을 것이다. 물리학자들과 생물학자들이 발견한 인간원리는 계시의 핵심인 예수 그리스도 사건과 공명하는 과학원리라고 평가할 수 있다. 우주는 시작부터 우연에 의해 흘러

---

37) 우주의 탄생 시에 인간 탄생을 향한 우주의 정향성의 궁극적 근원은 하나님의 계획과 의지이다. 우주에서 발견할 수 있는 것들은 이 하나님의 계획과 의지에 공명하는 어떤 것들이다. 코비(COBE) 팀을 이끌고 우주 배경 복사에 나타나는 지극히 미세한 차이와 요동을 발견하고, 바로 이것이 우주의 청사진이라고 감격해 한 노벨상 수상자 조지 스무트(George F. Smoot) 3세의 말은 대단히 가치가 있는 말이지만, 그 우주 배경 복사 안에 우주의 미래의 모든 것이 들어있다고 생각하면 무리한 발전이다. 우주 배경 복사는 우주의 청사진일 수는 있어도 하나님의 계획과 의지의 모두가 들어있는 것은 아니다. 하나님은 살아계시고, 살아계신 하나님께서 어떠한 창조 사역을 하실지는 우주 배경 복사 안에 모두 들어있지 않다. 우주 배경 복사는 하나님의 놀라운 계획과 의지에 상응하는 어떤 것이긴 하지만, 그것으로 하나님의 계획과 의지의 모든 것을 무리하게 추론하면 안 된다.

가도록 되어 있지 않았다. 우연에 의해 흘러가다가 우연히 태양계가 생기고, 지구가 생기고, 인류가 탄생하게 되었다는 무신론적 과학은 신학적으로 철학적으로 문제가 심각할 뿐만 아니라, 과학적으로도 문제가 심각하다. 우주는 시작부터 태양계의 탄생과 지구의 탄생과 인류의 탄생을 향해 정향되어 있었다. 이것은 성경의 설명을 언급하지 않아도 오늘날 점점 더 깊이 밝혀지고 있는 우주의 정밀하게 조율됨에 대한 과학이 잘 설명하고 있다.

그런데 인간 중심의 우주원리는 매우 중요하고, 예수 그리스도 사건과 공명하는 과학적 이론이지만, 예수 그리스도를 통해 나타난 계시의 장엄함을 모두 표현하는 이론은 아니다. 그리스도의 죽음의 우주론적 차원은 인간 중심의 우주원리는 전혀 알지 못한다. 20세기 후반에 발전된 우주적 그리스도론은 우주의 본질과 깊이를 이해하는데 매우 중요한 이론이다. 무신론자들이 창조론자들에게 매우 자주 공격하는 공격의 주제인 생명체 대몰살과 같은 비극은, 신은 없고, 우주를 창조하지 않았다는 것을 증명한다는 논리는, 약하기는 하지만 부분적인 타당성이 있을 수는 있다. 그런데 이 무신론적 논증을 극복할 수 있는 확실한 길은 예수 그리스도 안에 있다. 이 우주에 존재하는 비극과 고통에 대한 답은 우주적 그리스도론 속에 있고, 만유를 위한 그리스도의 죽음과 부활속에 있다.

몰트만(J. Moltmann)에 의하면, 인간의 역사 속에 존재하는 고통의 문제와 이것과 연관해서 발생하는 신정론의 문제에 대한 답은 예수 그리스도의 죽음과 부활 및 새 하늘과 새 땅이고, 우주의 역사 속에 존재하는 무의미와 고통의 문제에 대한 답도, 예수 그리스도의 죽음과 부활 및 새 하늘과 새 땅이다.[38] 어린 양이 사자에게 자신의 몸을 주어야 하는 슬픔은 메시아 왕국에는 없다. 그곳은 사자와 어린 양이 함께 뛰노는 즐거운 세상이다. 자연은 매우 아름답지만, 아직 완성에 이르지 않았다. 인간도 마찬가지이다. 인간의 탄생과 인간의 삶에는 어마어마한 신비가 있고, 어마어마한 아름다움이 있지만, 아직 완성에 이르지 않았다. 인간은 이 땅에서 100년을 살면 이 땅을 떠나야 한다. 인간뿐만 아니라 이 땅에 살았던 그 어떤 생명체도 영원히 살도록 규정되어 있지 않았다.

피조물들이 "썩어짐의 종 노릇한 데서 해방되어 하나님의 자녀들의 영광의 자유"(롬8:21)에 참여하기를 간절히 소망하고 있다는 바울의 증언은 그리스도를 통한 구원의 영광이 모든 피조물의 희망이기도 함을 가르치는 말씀이다. 피조물의 허무는 그리스도 안에서 극복된다. 새 하늘과 새 땅은 우주에 존재하는 모든 것들의 희망이다. 우주와 모든 피조물은 하나님의 의해 창조되었다. 창조된 우주와 하나님의 세계는 매우 놀랍고, 장엄하고, 아름답다. 그런데 그곳에는 피조물들의 자유로 말미암은 많은 혼돈과 비극들이 있고,[39] 피조물들이 가지고 있는 피조성이라는 본질적인 제약도 있다. 우리는 하나님의 창조 사역과 더불어 하나님의 구원 사역에 대해 초점을 기울여야 한다. 이 우주를 관통하고 있는 하나님의 사

---

38) 진화의 과정 속에 존재하는 피조물의 고통을 구원하는 진화의 구원자 그리스도에 대해서는 다음의 책들을 참고하라. J. Moltmann, *Der Weg Jesu Christi*, 김균진, 김명용 공역,『예수 그리스도의 길』(서울: 기독교서회, 2017), 466-472; Günther Thomas, *Neue Schöpfung* (Neukirchen-Vluyn: Neukirchener Verlag, 2009), 315-343.

39) 박테리아 연구로 명성이 높은 스캇 미닉(S. Minnich)교수 연구팀은 박테리아의 유독성은 일반적으로 박테리아가 유전정보를 상실할 때 일어남을 밝혔다. 이는 창조세계의 비극의 원인의 일면을 이해할 수 있는 중요한 연구이다. 참고하라, S. C. Meyer,『세포 속의 시그니처』, 565-566.

역은 창조 사역만이 아니다. 하나님은 우주의 비극과 고난을 해결하는 거대한 역사를 시작하셨고, 이 놀라운 구원 사역은 예수 그리스도를 통해 계시되었다. 예수 그리스도의 부활과 하나님의 나라는 우주의 모든 문제를 해결하고 완성하는 하나님의 사역의 궁극적 목적이다.

인간중심의 우주원리는 우주의 깊이와 넓이 전체를 설명하는 이론은 못된다. 그리고 이 이론은 잘못 이해되면 인간에 의한 다른 피조물의 착취를 정당화시킬 수 있는 위험도 있다. 인간중심의 우주원리는 그리스도 중심의 우주원리로 확대되어야 한다. 빅뱅에서부터 시작된 우주의 비밀과 방향은 인류로 제한하면 안 된다. 그 비밀과 방향은 예수 그리스도이고, 그리스도를 통해 계시된 하나님의 나라이다. 그리스도 안에 우주의 이법인 '로고스'가 계시되어 있다. 만물은 그리스도에게서 나오고, 그리스도 안에 있고, 그리스도를 향하고 있다. 하늘에 있는 것이나 땅에 있는 모든 것이 그리스도 안에 통일되고(엡1:10), 만물이 하나님의 "은혜와 영광을 찬송"(엡1:6)하는 것이 우주의 비밀과 방향이다.

# 결언

　　오늘날 세계를 지배하는 우주관은 무신론적 진화론적 우주 관이다. 그러나 이 우주관은 우주와 우주 속에 존재하는 생명체가 갖고 있는 천문학적 정보의 문제를 해결하지 못하는 심각한 약점 을 갖고 있고, 이 약점 때문에 붕괴하고 있는 것으로 보인다. 이 무 신론적 진화론적 우주관이 우주와 생명의 진화를 설명할 때 사용 했던 '창발'(emergence) 개념은 '창발한다' 라는 의미로 사용되면, 물질이 스스로 천문학적 정보를 생산할 수 없는 한계 때문에 성립 되기 어렵다. 정보는 인격적 주체가 가정되는 개념이다. '창발' 이 라는 용어가 사용될 수 있다면 그것은 '창발된다' 는 의미의 수동 형으로 사용되어야 한다. '창발' 은 하나님의 계속적 창조 사역의 영역에 속해 있는 것이지, 물질 주체의 진화의 영역에 속해 있는 것 이 아니다.

　　온신학의 우주관은 이 무신론적 진화론적 우주관과 대립되 는 우주관이다. 온신학은 하나님의 창조사역은 태초의 창조와 계 속적 창조와 종말론적 창조가 있다고 생각한다. 진화론은 하나님 의 계속적 창조 사역을 착각해서 만들어진 이론이라고 온신학은 생각한다. 온신학은 오늘의 첨단의 양자역학이 발견한 물질 이전 에 의식과 정보가 있다는 관점을, 우주를 이해하는 중요한 관점으 로 파악하고 있다. 오늘의 양자 물리학자들이 토론하고 있는 우주 적 정신(cosmic mind)은 하나님의 영일 것으로 온신학은 추론한 다. 우주와 모든 생명체의 존재론적 근원은 하나님의 영이고 하나님의 창조 사역이다.

온신학은 우주를 바르게 이해하는 길은 그리스도 중심적 우주원리를 깊이 이해하는 데 있다고 생각한다. 오늘의 천체 물리학과 생물학이 발견한 인간 중심적 우주원리는 그리스도 중심적 우주원리로 확대되어야 한다. 온신학은 그리스도 안에 우주의 시작과 현재 및 우주의 미래가 계시되어 있다고 믿는다. 예수 그리스도의 부활과 새 하늘과 새 땅으로 표현되고 있는 하나님의 나라는 인간과 우주의 미래이다. 우주 안에는 하나님의 창조 사역만 있는 것이 아니고 하나님의 구원 사역도 같이 존재하고 있다. 우주와 우주 안에 존재하는 모든 생명체의 허무와 슬픔은 그리스도 안에서 극복되고, 마지막 날에는 모든 피조물이 하나님의 영광에 참여하는 기쁨을 누릴 것이다.

예수 그리스도께서 인간이셨다는 사실은 인간의 존엄성과 위대함을 나타낸다. 그러나 하나님의 나라는 모든 피조물이 하나님의 영광을 찬송하는 기쁨의 나라이다. 인간 중심의 우주원리는 편협한 우주원리이다. 이 우주원리는 그리스도 중심의 우주원리의 빛에서 이해될 때 그 기능이 바르게 작동할 수 있다. 온신학의 우주관은 그리스도 중심적 우주원리를 골격으로 해서, 진화론의 오류를 극복하고, 하나님의 계속적 창조 사역과 장차 완성될 새 하늘과 새 땅을 향한 밝은 전망을 여는 우주관이다.